# 社交恐懼症

社恐女孩的抗焦慮日常，陪你安撫崩潰的情緒
強化心理防禦力，找回面對世界的勇氣

## 不孤單　生存指南

WE'RE ALL MAD HERE

THE NO-NONSENSE GUIDE
TO LIVING WITH SOCIAL ANXIETY

CLAIRE EASTHAM 克萊兒・伊斯特姆 著
黃佳瑜 譯

# 【目錄】

# 推薦序

我在心理疾病最嚴重的那段時期，經常在書架上東翻西找，渴望找到一些什麼工具，可以幫助我理解我當時正在經歷的狀況。然而我找到的，卻是鋪天蓋地而來的說教式健康教育，以及充滿自憐的文章，讓人深受刺激，不僅沒有幫助我樂觀期待復原，反而加深了我的憂鬱和沮喪。

絕望之中，我轉而向網際網路求助。我無意間闖入幾個網路論壇，從本質上來看，這些論壇的成員無不在比較誰的精神疾病「最慘」，形成小圈圈式的社團，分享你想像得到最有毒的應付方法。我也曾見過不計其數關於藥物和「最佳療法」的矛盾建議，看過惡毒的酸民形容我的疾病是出於自己的想像，無非是為了「吸引注意力」，是對那些有「真正」問題（如癌症）的病患的「一大侮辱」。

那段時期，我希望得到的是一個可以倚賴的資源。我希望找到一個願意承認我的狀況相當嚴重，同時又能向我保證一切都會沒事的人。我需要實際的建議，幫助我釐清種種醫學術語和各種療法的大膽承諾——這個建議既不能是特定醫療機構或藥廠所贊助的宣傳話術，又要能讓你認清世上沒有保證人人有效的神奇解決辦法。總而言之，我真正需要的就是這本書。

簡單說說本書作者吧？在《社交恐懼症不孤單生存指南》中，克萊兒．伊斯特姆的個性躍然紙上，給予你熱情的擁抱。如果你讀完這本書還沒愛上她，那我們恐怕不是一路人。克萊兒在二〇一五年秋天的一場研討會闖入我的生活，詢問是否可以為她的部落格採訪我。不知道為什麼，她的舉止和表達方式讓我不由自主泛出微笑。我一眼認定她是那種可以結交一輩子的知己，立刻答應了她的要求。

幾星期後，我們在南肯辛頓碰面吃午餐。在後來的記述中，克萊兒把自嘲變成了一種藝術。她在部落格裡描述她走向餐桌時的心理歷程。（「我的天啊，你肯定會當眾出醜。」）她聲稱我令人「望而生畏……毫無疑問」。假如你是我，你會覺得這個評語既惱人又好笑。不過我確實如此。她在故事結尾細述她如何「笨拙地打翻鹽罐」，而我「禮貌地假裝沒看見」。其實我從來沒辦法去假裝什麼，看過我在天空新聞台擺臭臉質問右翼記者的人都能作證。我是真的沒注意到「鹽罐事件」（這是這起事件迄今的名稱）。我走出餐廳，全然沉浸在一個人剛剛遇到畢生知己，油然而生的那股明確且錯不了的喜悅激情。

後來，我先生問我那天過得怎樣，我形容克萊兒是個風趣的北方人，而且絕對不混蛋。我至今仍然相信這是個貼切的總結。（要加入我的朋友圈，幽默感和不混蛋是先決條件，北方性格則是額外的紅利。我明白，不是每個人都具有北方人性格，我自己就沒有——不過，儘管我承認這是我性格中的一大缺陷，我盡量不拿這一點苛責自己。）

鹽罐事件那天迴盪在克萊兒腦中的，是從青春期就和她共處的社交恐懼症發出的聲音。然而，作為一名無心的旁觀者，我大概永遠不會察覺她的狀況。由此我發現一件事：雖然深陷焦慮時，你會被焦慮侵蝕得身心俱疲，但身邊的人可能根本不會發現。

你認識的任何一個人都有可能正在承受焦慮的折磨，無論他們看起來多麼篤定或自信。我發現這個想法既令人沮喪，又莫名其妙地讓人感到安慰。

說不定人人都是瘋子，我們絕不孤單。

大英帝國員佐勳章受勳者

娜塔莎・戴文（Natasha Devon）

# 致謝

本書獻給活在社交恐懼症中的每一個人。

你不是怪胎，也不是失敗者。

最重要的是，你並不孤單。

感謝我的編輯瑞秋．孟席絲，以及潔西卡．金斯利出版社的團隊。感謝給予我無盡支持的家人。感謝在我恐慌症來襲時，會為了我二話不說閃電式露乳的幾位閨密。最後，感謝我生命中的磐石與摯愛——丹。

# 前言——我和我的社交恐懼

來吧，你辦得到的，鎮定一點。你演練了一整晚，不會有問題的。他們怎麼還沒到？這房間太小了。噢，天啊，又來了。心臟狂跳，胸口發緊。我的手臂怎麼就是不能擺動得正常一點？我肯定會說不出話來，我會昏過去的。我會讓自己像個傻子一樣丟人現眼。我得趕緊離開這裡。

事情發生在我去面試一份夢寐以求的工作、走出面試地點的那一天。時間是在面試開始的幾分鐘前。我當時遭遇（我現在知道了）一次恐慌症發作——這輩子最糟的一次。我說「走出」，其實更像是奪門而出。我對著一頭霧水的人事部女士尖叫，說我「感染了諾羅病毒，必須立時離開！」鑒於我當時腦袋一團混亂，這個臨時想出來的藉口還不算太糟。而且，我以前好像從來沒用過「立時」這個字眼……此後大概也沒用過。一遇到戲劇性場景，我似乎就變身成為珍．奧斯汀筆下的人物！

這起事件來得猝不及防嗎？不，我進門之前就知道肯定會發生什麼壞事。早上起床時、搭車通勤時、喝咖啡時，我一直都知道。憂慮始終都在，我心知肚明，只是不願意承認。我不能承認。接下來的兩星期是一片模糊的印象，生活被歇斯底里、突然爆發的情緒和持續不斷的恐慌佔據，使我完全失去理性思考的能力。我究竟怎麼了？

＊＊＊

第一次認真思索「焦慮」這個詞，是在我十四歲的時候，不過，我個人認為我從小就很焦慮。小時候，我總害怕大型家庭聚會。我最愛做的，就是跟奶奶一起待在廚房。她會喝著酒，香菸一根接一根地抽，和我張家長李家短的東拉西扯。老實說，這種情況至今沒什麼改變，唯一的差別，就是我現在可以跟她一起喝一杯了！

中學時期是一段痛苦掙扎的歲月，只要有人跟我講話，我的臉就會漲得通紅。我盡量避免跟人互動，老是擔心上課被點名要回答問題。你不妨把我想像成一個煙霧警報器，一有任何風吹草動，就會警鈴聲大作。

在英文課上，我們全班一起讀《馬克白》，每個人都得朗誦一段獨白。一個很棒的、大家一起參與的活動，對吧？錯了。在我心目中，那簡直是酷刑！我很清楚什麼時候會輪到我，因為朗讀順序是按照姓氏字母排列的。所以前半節課，我的耳朵裡聽不進半個字，因為我只顧著嚇得半死。雖然我每個字都認識，可是一旦輪到我朗讀，我就讀得七零八落。在我結結巴巴、盡可能快速唸完我的段落時，教室裡安靜得落針可聞。實在是太煎熬了，我確定每個人都在暗自嘲笑我。直到今天，我都不知道《馬克白》這本小說到底在說些什麼！

另一個美好回憶，是在法文課堂上，跟老師做角色扮演的練習。老師會隨意挑一名學生上台，「炫耀」他們的法語對話能力。老師們為什麼總以為這類活動很有意思？一點都不好玩！大多數青少年都會覺得這種事情很彆扭，最糟的時候，甚至感到備受折磨。

對我來說，最難受的是不知道自己會不會被選中。當老師掃視全班同學，我會摒住呼吸，把自己縮成一團，「被她點到我會死」的念頭在腦子裡反覆回放。被點中的那一次，我嚇得呆若木雞。我很清楚意識到，所有人都把注意力放在我和我顫抖的聲音上，我緊張得差點連自己的名字都說不出來。我為什麼就是不能像其他人那樣，從容地回答問題就過去了？

大約這個時候，我漸漸明白我有某種情緒問題。所以，我做了一件每個明智的青少年都會做的事：對它們置之不理（因為忽視問題總能奏效，對吧？）我以為這是對付問題的最佳辦法——拒絕讓它們左右我的生活。儘管很難，但我沒有讓這些問題阻止我交朋友、通過考試、擠進大學、取得學位、找到工作。我把它當作那不過是我人生中得忍受的另一件事。

到了選擇職業的時候，我很快發現，經營一家夢想中的街角小店，並不像小時候跟弟弟玩家家酒那樣有趣。還好我也熱愛書籍，心裡對出版業充滿憧憬，因此決定拼盡全力實現這個夢想。坦白說，一個出身勞工階層的外地女孩，並不容易在倫敦的出版業或媒體業找到工作。經驗是必要條件。但是當你住在三百英里外，實在很難擁有相關經驗。於是我去唸了一個出版碩士，然後得到機會去一家知名出版社實習了一個月。

離家這麼久的感覺很奇怪，但這次機會讓我興奮不已。實習期間，我住進一家青年旅舍；這裡的常客是嗑藥的背包客和一位自信心爆表的裸體德國女士（早上七點以前穿好衣服是個過分的要求嗎？顯然如此。）那地方又髒又冷，但是我住不起旅館。這麼說吧，那幾個星期我動不動就掉眼淚！不過，這次實習是個非常正面的經驗，如此可怕的住宿安排倒也值了。我享受這份工作，工作氣氛既熱情又充滿新鮮刺激，這讓我確定自己想進入出版業。

因此，當出版社幾個月後答應把我轉為正式員工，我開心得不能自已。我在一個晴朗的三月天從老家博爾頓市一舉搬到倫敦。我在那裡有認識的人嗎？沒有。

我之前在倫敦待過很長時間嗎？不算是。我有辦法離開安全的老家，每個月花六百八十英鎊跟兩個素昧平生的人分租一棟房子嗎？見鬼了。別讓我開始埋怨倫敦的物價。說真的，千萬不要，說到當時的心情，「被砲彈震暈」尚且不足以形容我震驚的程度。

那時候，人們會說我有多麼勇敢、多麼大膽，但我其實沒想太多。為什麼？很簡單：我完全拒絕承認自己在做的決定有多麼重大。有太多事情需要咀嚼，所以我索性縱身跳進大海，瘋狂地泅泳。

開頭相當順利。兩個室友人不錯，我終於搞清楚怎麼搭地鐵，每天上班之前順道買杯星巴克咖啡，就像電影裡演的那樣。對一個小鎮女孩來說，這是天底下最酷的事！我甚至進城六星期就給自己找了一個男朋友——一個對我的過往一無所知的人（我打算讓他保持那樣）。

我正在堂而皇之的實現夢想！所有不愉快的時光都被我拋到腦後，我現在是個全新的人了……對吧？就職六個月後，我開始注意到自己出現了一些轉變。一星期五個工作天當中，我有四天覺得不開心、易怒、提不起勁。我當時工作的部門有一大堆嗓門很大的強勢人物，他們讓我緊張不安。如果想受人矚目，外向的性格似乎必不可少，而我的性格偏於內向（完全不只是害羞那回事！）我得出席太多的公關活動，正如小時候的家庭聚會，每一場活動都讓我害怕，但這回沒有奶奶來救我了。相反的，在茫茫一片耀眼燈光和陌生臉孔前，我只能靠自己硬撐下去。

我慢慢糾結於人們對我的看法，以及我自己的表現。我不想在乎，但我管不住自己。我甚至分析自己在走廊上走路的姿態，那成了一種偏執。我應該對人露出微笑嗎？我應該看著地面嗎？該怎麼做？該怎麼做！等到那人從我身邊走過，我的臉僵硬得都快抽筋了！

搭電梯是另一個棘手問題：想到在電梯裡必須跟同事客套閒聊，我就難以忍受，最後落得每天痛苦的爬七層樓進辦公室。好處是可以運動，壞處是滿身大汗！另外，茶水間也是個雷區——你永遠不知道那裡面有誰。我要是擠不出話題怎麼辦？所以同樣的，我對那地方敬而遠之。這世界有太多的地方需要迴避！

然後我開始出現生理症狀：臉紅、心跳加速、呼吸急促、失眠。偶爾我真的能睡著，卻在幾小時後猛然驚醒，滿身大汗，上氣不接下氣。最糟的是手抖。有一段時間，我的雙手總是抖個不停，我甚至害怕拿東西給同事，以免被他們發現。最後，我忍不住哭著問自己：我還快樂得起來嗎？我為什麼無法集中注意力？我到底有什麼毛病？我這輩子為什麼就是不能正常一回？

到了這個地步，我有沒有告訴任何人？當然沒有。我是那個正在實現夢想的勇敢女孩！想到要跟人承認我正在苦苦掙扎，我就羞憤難當，還不如繼續裝下去。事後看來，這種種「煩心」的念頭都在為日後的恐慌症來襲鋪路。

不停對抗焦慮，讓我的身心飽受巨大壓力，最後終於承受不住，十年後，我終於把自己逼過頭了。在那次「面試事件」或「面試門」之後，我應證了人家說的「精神崩潰」，停職一個月。這一開始讓我備受打擊，因為我始終對我的狀況三緘其口。不過，我漸漸明白這麼做是對的。我需要時間復原。

我這一輩子都在對抗並隱瞞我的病情，但現在，醫生在病歷上白紙黑字寫著：

「急性社交恐懼症」。我一方面因為「它」終於有了名字而如釋重負，另一方面卻為了不知道該怎麼辦而惶恐不安。我甚至不知道該從哪兒開始治療。我深信我即將失去自己如此努力得來的一切。最糟的是，我即將失去我的男朋友，丹。

所以接下來怎麼了？欸，不騙你：有一段時間，情況真的、真的、真的很糟。你不可能短短幾天內治好累積了十年的傷害。問問羅馬人就知道：一天的時間，什麼屁也造不出來。不過，一件值得強調而且最重要的事情是，我確實康復了；那個一跟人說話就臉紅發抖的女孩，如今可以在好幾百人面前發表演講。別曲解我的意思，我仍然不覺得那有什麼好玩，但我可以充滿自信地完成。不可思議，對吧？我自己有時候都很難相信。但我可以跟你保證，這一切都是真的，而且我從來沒加入什麼邪教。

我直面我的問題、努力解決，然後繼續往前走。容易嗎？一點兒也不。我是否偶爾想放棄？的確如此。但我終究做到了。我要給你一句忠告，非常重要的一句：**你必須承認自己的精神狀況出問題了**。不肯承認就不可能恢復健康——本來就是這個道理。你得勇於承擔。

走過這條灰濛濛的康復之路，我學會了幾個我認為確實有效的訣竅和技巧。我希望透過這本書，跟大家分享這些訣竅和我的一大堆個人經驗（在此先道個歉，不過你們盡可以跳過這些個人片段）。我推薦的技巧很簡單，每個人都做得到。我對每次索費一百英鎊的心理諮商不感興趣，也不喜歡參加任何需要喃喃自語、像在唸咒的活動。（我試過一次，覺得自己是個蠢蛋。）我在二〇一四年開始寫部落格——「我們全是瘋子」；一部分出於治療上的原因，一部分則是希望幫助其他人明白，焦慮症比你想像的更常見。

特此聲明，我既不是醫生也不是心理學家，我只是一個有豐富焦慮經驗、而且常常嚇得半死的正常女孩。我希望真誠且直白地分享我的心得。書中出現的每個醫學術語都會有簡單的定義。社交恐懼症是一種很容易治療的疾病——你不需要覺得丟臉，也不需要孤軍奮鬥，我會陪在你身旁。但願等你讀完這本書，你會終於準備好接受自己的狀況，並且深信事情可以越來越好，也一定會越來越好。

還有什麼是你需要知道的？呃……我的寫作風格和學者專家不太一樣，而且我喜歡罵髒話，罵得很兇！別怪我沒事先警告。

021 **前言**

我和我的社交恐懼

「我們全是瘋子，我是，你也是。但我要告訴你一個秘密……所有優秀的人都這樣。」

——路易斯・卡洛爾，《愛麗絲夢遊仙境》，一八六五年

# 第一章 究竟是什麼鬼玩意兒？

一個人如果不知道自己對付的是什麼，如何從中復原？這是個簡單的道理。假如這個邏輯適用於生理健康，那麼心理健康又有什麼不同？

找出疾病的根源，有助於消除恐懼與困惑。「我為什麼出現這種感覺？」這個問題有權得到答案。如果你背痛，你會想知道是什麼原因造成的，對吧？諸如「全都是你自己胡思亂想」或是「你只需要試著放鬆」之類的答案無法令人滿意！為了回答有關焦慮的問題，我得先稍微解釋人腦和它的運作方式。這一章絕對是本書最複雜的章節，不過，如果你能耐著性子讀完，我保證你將擁有更豐富的心理健康知識。

我那次精神崩潰之後，立刻詢問自己下列幾個問題：

- 社交恐懼症是什麼？
- 為什麼發生在我身上？
- 如何趕跑它？

我數不清自己花了多少時間在Google「社交恐懼症」這幾個字，一次又一次的急切搜索答案。所以，請容我一一說明……

## 社交恐懼症是什麼？

醫學定義：**社交場合所引發的恐懼或憂慮**。

克萊兒的定義：光想到社交聚會或成為關注的焦點，就讓你憂慮到想吐。你相信自己一定會當眾出醜，每個人都會批評你、看你的笑話。身邊的親朋好友再怎麼肯定你也無濟於事——事實上，那往往只會讓事情變得更糟。

常見的生理症狀包括：

- ✗ 臉紅——有時候毫無來由
- ✗ 顫慄／手抖
- ✗ 冒汗
- ✗ 噁心
- ✗ 口乾舌燥
- ✗ 肌肉緊繃
- ✗ 結巴或口齒不清
- ✗ 頭暈
- ✗ 老是需要跑廁所

青春期的時候，光聽到別人喊我的名字，我就會滿臉通紅！想像以下這一幕：

老師：克萊兒，你這星期的功課做得非常棒。

我：（臉漲成憤怒番茄的顏色）謝謝。

老師：（面露困惑）你還好嗎，克萊兒？

我：（臉幾乎變成醬紫色）老師，我沒事，只是有點熱。（心裡想著，天哪真丟臉，好想死啊。我為什麼那麼古怪？）

每次參加派對或跟朋友出門瘋一晚之前，我尿尿的次數比正在接受如廁訓練的小狗還多。我猜我的紀錄是每五分鐘一次。有一回面試前，我十分鐘內就跑了三次接待室的廁所。最後一次上完廁所出來，我故做輕鬆的走向接待櫃台說，「別擔心，我不是進去吸毒，也沒有拉肚子！」接待小姐面無表情（人們很少被我的笑話逗笑）；事實上，她搞不好根本沒注意到我在幹嘛，所以覺得我瘋瘋癲癲的。

久而久之，我擔心自己在社交場合出現的生理症狀，已經漸漸超過對實際社交活動本身的憂慮，真是個天大的諷刺！好比說，「噢，天啊，我今天有個會議，我知道我的臉一定會漲得通紅。」不用說，這個想法自然而然會引發臉紅反應。這就是所謂的惡性循環！

常見的心理及情緒症狀包括：

✗ 出現負面念頭，例如，「每個人都會認為我是白痴、嘲笑我的失敗、覺得我沉悶乏味」，或者「我醜死了，永遠不可能招人喜歡。」我說服自己相信，其他人並不是真心想跟我交談——他們只是在可憐我。

✗ 強烈害怕自己會丟人現眼。

✗ 過度分析過去的事，到了吹毛求疵的地步。好比說，「詹姆士剛剛看我的眼神怪怪的，我猜他不喜歡我，也許我做了什麼事情惹他不高興了？」或者，「我他媽的幹嘛說那句話？他們一定認為我是個超級白痴。」另外，還會像私家偵探似地爬梳每一個細節——我曾經花大半天時間在腦中反覆重播某一段對話。

✗ 糾結於自己的表現，無法輕鬆自在的享受當下。分析自己的每一個行為和動作。好比說，我會掃描自己的全身上下：我有流汗嗎？我的手在抖嗎？我看起來親切放鬆嗎？我問的問題得體嗎？

✗ 對還沒發生的事情做出負面至極的預測。好比說，「那場派對肯定糟糕透頂。我會開始爆汗，大家都會注意到。我需要找個藉口離開，然後鑽到雙層巴士底下或跳出窗外。」（瞧，我就說「負面至極」吧。）

✗ 厭惡自己、批評自己。我以前真的偶爾會跑到員工廁所對自己大吼大叫（當然，廁所裡只有我一人）：「你這愚蠢的賤貨，你為什麼就不能像個正常人一樣！」很棒的加油打氣法，對吧？要不要順帶往自己臉上揍一拳？

✗ 缺乏安全感，感到羞愧、不快樂。

簡單地說，社交恐懼症是對其他人看你的眼光超級自覺，強烈害怕或煩惱自己像個白痴。

## 為什麼發生在我身上？

另一個經典且正常的問題是，「我為什麼雀屏中選？」

有些人記得觸發焦慮症的某起事件——生命中某個留下深刻傷痕的創傷事件。

其他人（像我）則對疾病的起因毫無頭緒。我出生在一個穩定而快樂的家庭。我們並不富裕，但日子還過得去。我有一群好朋友，而且幸運地擁有一副健康的身體。所以問題出在哪裡？我不知道……也許只有老天爺才知道吧！

我個人認為，我天生擁有一套過度活躍的神經系統，而這個系統在我逐漸長大、接觸更多世事後變得益發敏銳。我也認為自己向來是個敏感的小孩／少女／成年女性。說到這點，幾個經典案例浮現腦海：

- ✗ 當我發現聖誕老公公不是真的存在於現實中，我傷心欲絕，浮誇地撲到床上，用力蒙著枕頭哀嚎不已，彷彿家裡有人死掉。（我當時年紀絕對夠大，不該出現這麼誇張的反應。）反觀我弟，他在某年耶誕夜不小心看到爸爸在樓下牽他的新腳踏車，頓時看穿一切真相。他超級淡定，恍若無事地轉身上床睡覺。
- ✗ 當我發現「男孩特區合唱團」的史蒂芬（Stephen Gately）是個同志，我得請假一天不去上學。我才七歲，但我知道他是我希望共度一生的那個男人。

✘ 我在大樹後頭藏了半個小時，想躲掉一個朋友的慶生會，最後被他媽媽找到了。該死的賤人！

✘ 曾經有三個月時間，我因為太過害怕吸血鬼，必須圍著圍巾才能睡得著覺。真倒楣，那時正好是夏天。

✘ 《瓦特希普高原》❶帶給我的創傷持續了……讓我算算……整整十五年！兔子不該有那樣的行為。牠們為什麼他媽的那麼憤怒？

言歸正傳。我的重點是，我不會浪費時間試著找出我得到焦慮症的確切時間點。研究顯示，和許多疾病一樣，焦慮是會遺傳的。不過我認為，責怪你的家人毫無意義，那並不能解決問題。

## 大腦的演化

若要從整體角度說明焦慮的發展，我不得不從最基本的事情說起。（所謂「基本」，我指的是人類伊始以及大腦的演化過程！）讓我們引用傳統的例子，想像卡通裡那種裹著腰巾、披頭散髮、手拿棍棒的山頂洞人。你認為我們的山頂洞人每天夜裡會擔心其他山頂洞人怎麼看待他嗎？睡覺之前，他會想著「噢，天啊，希望明天不會在水坑前巧遇大衛——我從來不知道該說些什麼，他一定覺得我無聊透頂？」我不是歷史學家，但我不認為他會為這些事情煩心。他恐怕更掛慮劍齒虎、覓食和生火的問題。

那麼究竟發生了什麼事？原本簡單的生存方式為什麼變得如此不同？這個嘛，根據美國醫生兼神經科學家麥克萊恩（Paul MacLean）的說法，人有三個腦（每一個都有典型的複雜名稱）：

- 哺乳類腦／額葉（這基本上是有關情緒或潛意識的部分）
- 爬蟲類腦（腦幹／生命中樞）
- 皮質／人類腦（掌管理性與思維）

❶ 編注：《瓦特希普高原》（*Watership Down*）是以一群野兔為主角的英雄式奇幻小說，由已故英國作家理察．亞當斯所著。故事描寫了以主角榛子為首的一群野兔們逃離即將被人類毀滅的兔場，追尋新的家園，而在一路上遭遇劫難的故事。

麥克萊恩認為這三重腦是疊層發展的，其中以皮質層最年輕，因此也最脆弱。我們人類喜歡以為我們可以控制自己的情緒——「心靈勝過物質」，是吧？但事實上，哺乳類腦才是腦部最強大的部位（該死！）這套理論還不壞，只可惜我們比較古老、比較情緒化的大腦部位，關心的是幾個核心的基本需求：

✘ 愛（人類是社會動物，渴望他人的情感與接納）

✘ 性（繁衍）

✘ 危險（我們不想死掉或受傷）

當某個情境強烈出現上述任何一項需求，情緒腦就會跳出來當老大，理性腦根本不是對手。

想想看：你是否曾經忍不住傳簡訊給你的前男友／前女友，雖然明知這是個壞主意？哪怕你一邊打字一邊告訴自己這是個錯誤，卻還是停不下來？或者，你是否曾糾結於過往與同事發生的爭執，一直耿耿於懷，雖然事情其實沒什麼大不了？當然，你就應該放下罣礙，是吧？但是你做不到，因為那次開會，她打斷你的發言，讓你看起來像個白痴。死賤人！（我的氣顯然還沒消。）

我的重點是：我們總愛批評自己意志薄弱。我常常說「我的內心並不堅強」這類的話，或者自問「我為什麼就是不能正常一點？」。然而事實是，處於主導地位的是我的情緒腦，因此，苛責自己只會適得其反。試想，你會因為摔斷手臂而對自己大吼大叫嗎？好比說，「老天啊，你真失敗。我簡直不敢相信從樓梯滾下來就能讓你摔斷胳膊。你真該感到慚愧！」或者，「你居然會頭痛，真丟臉！你就應該躲到床底下，永遠不要出來！」你當然不會如此責怪自己，因為那不是你的錯！

人類受到情緒——而不是邏輯或常識——的驅策。從古至今，我們最了不起的生存能力靠的就是情緒所引發的自動生理反應。你大概聽過「戰鬥或逃跑」情結吧？掌管這種自動反應的指揮中樞叫杏仁核（我個人喜歡把它叫做「煙霧警報器」或「蜘蛛感應」）。你是否曾經差一點摔下樓梯，但在千鈞一髮之際，迅雷不及掩耳地伸手抓住了扶手？你沒有多加思索——事情就那樣發生了。那就是你的杏仁核在發揮作用。

杏仁核存在的唯一目的，就是讓你繼續活著。它是怎麼做的？呃，它會認出潛在的危險狀況，刺激出額外的腎上腺素（能量）在體內四處流竄，以便增加身體的反應時間與強度。要知道，腎上腺素可是身體天然的超級精華液。順帶一提，我的杏仁核非常靈敏，有時候小小的關門聲都能讓我猛然彈跳起來。說真的，遇到某種末日情節時，我的表現一定特別厲害！

這種狀態對山頂洞人特別有利。當時的生活非常簡單：躲避危險、找到伴侶，以及加入山頂洞人部落。在這個時期，負面念頭能夠幫助人類生存——大腦若對眼前的情況沒有把握，就會自動假設成最壞的局面，進入自我保護狀態。同時，它也擁有一個卓越的記憶庫：「我們之前曾遭到獅子攻擊，所以我要把獅子列入危險清單。」聽起來很棒，對吧？

遺憾的是，在現代這個社會，咄咄逼人的主管取代了劍齒虎；交友地點則從篝火旁邊，轉變為只有最酷的人才能生存下來的學校或職場。過程變得太過複雜，大腦的演化跟不上世界變化的速度，情緒腦還沒建立起足以應付這個世界的裝備，杏仁核也找不到合適的應對方法。想想看：你能不能從會議上逃開，或者拿棍子猛敲老闆的頭？

警察：再說一遍，你為什麼拿球棒砸主管的臉？

我：因為他要求我在會議上發言。

或許某一次的派對曾帶給你不好的經驗，讓你覺得丟臉。於是，神奇的杏仁核決定把「派對」放進危險清單，跟獅子並列——那是一種本能反應。所以，事情為什麼發生在你身上？你不過是有一顆非常強大的哺乳類腦，那不是你的錯。如果你能接受這套理論，給自己多一點耐心，你就能夠為復原的道路打下一個扎實的基礎。

## 腦部化學物質

如果你找醫生看你的焦慮症，你可能聽過「血清素」、「選擇性血清回收抑制劑」（SSRI）和「皮質醇」這類術語。試著想像下面這一幕：

醫生：你體內的血清素不足。

我：我的天啊，那是什麼？聽起來真可怕！我會死嗎？

醫生：不會。血清素是存在血小板和血清中的一種化合物。它會刺激血管收縮，並扮演神經傳導物質的角色。

我：神經傳導物質是什麼鬼東西？

醫生：那是神經末梢在神經脈衝刺激下釋放出的一種化學物質，透過神經突觸與接頭擴散，會影響脈衝傳遞到另一條神經、肌肉纖維或其他組織。

我：告訴我，醫生……你究竟是在搞笑，或者你是機器人？我完全聽不懂你在說什麼。（我沒有大聲說出來，但是我很認真地這麼想。）

我花了好幾個星期上網研究，終於搞懂醫生說的話是什麼意思。為了簡化事情，我打算採用下面的定義：

✘ 血清素：安定／快樂荷爾蒙。當醫生使用「神經傳導物質」這個術語，他們指的是將信號從神經送到大腦的快遞小哥。它是一種重要的化學物質，幫助大腦正常運作，並維持心情與情緒穩定。基本上，它是個可以平衡腦中壓力程度的快樂信差。你只需要知道這些就夠了。

✗ 皮質醇：這是一種壓力荷爾蒙，與腎上腺素息息相關，可以幫助人體在潛在的危險中迅速反應。然而，杏仁核也可能在沒有危險的情況下，不小心釋放出皮質醇。當你快遲到的時候會感覺耳邊嗡嗡作響或者心情悸動不安，那極有可能是皮質醇在作祟。

我聽過關於血清素的各種譬喻，但我最喜歡的是把它比作汽油或柴油。車子快沒油的時候會回火、顛簸、車行不穩。同樣的，當血清素不足，大腦雖然仍能維持基本運轉功能，但它會運轉得磕磕絆絆，好像每一件事情都變得稍微困難一點。

每個人都有一缸滿滿的血清素，但是有些人的汽缸比較大，有些人的燃料燒得比較快。為了讓大腦正常運作，我們有必要隨時加滿燃料，就像加滿油缸，以免車子陷在泥地裡動彈不得，被一群母牛和一頭非常憤怒的公牛團團圍住！（這是發生在我身上的真實事件，老爸得大老遠開三個小時車來接我，非常不爽。）

血清素不足有可能嚴重影響神經系統，導致大腦失靈或抓狂（「抓狂」等於焦慮或恐慌症發作）。不妨把血清素想像成是一種給身體的天然鎮靜劑。如果你感到焦慮，很可能是因為血清素被消耗光了。

那麼，如何維持滿滿的血清素？請繼續看下去……答案就在第二章！

# 第二章 如何趕跑焦慮？

我曾浪費許多年的生命追問這個問題。沒有人喜歡生病，你能想像生了一場纏綿十年的感冒嗎？我們會本能地去尋找療法、答案和對策。

我現在要說的話有點刺耳，但很重要：**你無法像施展魔術般，逼迫你的焦慮速速退去**。你還不如祈禱左耳會自動掉下來！焦慮是你的一部分，跟你如影隨形，哪兒也去不了。不過，在你陷入絕望深淵之前，讓我告訴你一個好消息。你可以與它共存，而且可以採取一些行動。社交恐懼症也許將永遠存在於你的性格之中，但它不見得可以控制你的生活，或者害你鬱鬱寡歡。有許多治療方法和各式各樣的技巧、訣竅都能夠提供幫助。

在我繼續說下去之前，你得先接受幾個觀念：

- ✗ 完全不需要感到羞愧。有好多年時間，我為我的焦慮感到丟臉，並且不時責備自己太過軟弱。然而真相是，那跟你的性格和能力沒有半點關係，那是一種真實的疾病。
- ✗ 社交恐懼症比你想像的更加常見，程度從輕微到嚴重都有。
- ✗ 情況不會一夕好轉，你得準備好奮戰一番，並且堅持規律的生活。
- ✗ 小心不要規律了幾天之後，又退回到整天看電視、上網發牢騷的生活型態。
- ✗ 雖然你可能忍不住想上網尋找資料或支援，但請小心提防網路討論區。

## 網路討論區

關於網路討論區，我得簡單地順帶說一句——不要那樣對待你自己。剛確診的時候，我渴望找到資訊和一群同病相憐的人。沒有什麼比孤軍奮鬥的感覺更嚇人的了。

我曾在心情激盪的一刻，犯下上網瀏覽討論區的錯誤。老天爺，這真是個爛主意！我還不如在Google鍵入「如何對生命感到更絕望」。討論區在很多事情上可能非常有用（例如餐館點評，以及如何清除衣服上的油漬），但不包括心理健康方面的建議。其他人或許有不同看法，但我這輩子恐怕很難改變立場。

所以我是在發什麼牢騷？我不爽的是，這些貼文中少了前因與後果，完全沒說明事件的背景因素和後續發展。當然，言論自由是好事，但它也可能造成傷害，特別是對一顆認為今生已然無望的脆弱心靈！下面就是個絕佳案例：

三年前我的恐慌症第一次來襲。我辭去工作，女朋友也離開了我。我閉門不出，沒有半個朋友。恐慌症毀了我的生活，有時真希望死了算了！

鮑伯，三十二歲

呃，儘管我尊重鮑伯傾訴痛苦的權利，但我認為，醫生、心理健康專家或慈善機構是他更理想的傾訴對象。「英國焦慮症協會」（Anxiety UK）和「心理基金會」（Mind）都有諮詢熱線。相反的，這段話留在網路空間供我閱讀，讓我對自己的病情更加絕望。

如今回顧鮑伯的貼文，我發現貼文時間是在我讀到它的十八個月之前，所以恐怕早已事過境遷。天曉得鮑伯後來怎麼了？他也許已經得到需要的幫助，如今過著幸福快樂的生活，但是他那段灰暗的文字卻永遠留在討論區，等待著其他苦難者去閱讀。

我的重點是：討論區可能對其他人造成難以言喻的傷害。論壇上很少出現鼓舞人心的言論，反而充斥著美夢破碎、強烈倚賴藥物的故事。有些貼文甚至帶有較量的意味——好比說，「哦？你以為你過得很慘？聽聽這個故事吧！」

## 化學層面

### 藥物

如果沒有更好的說法，我們就從「嗑藥」談起吧！說起藥物，人們往往意見分歧，各有各的看法；有的人樂意吃藥，有的人連想都不願去想。我猜，人們害怕的是那種有如行屍走肉一般，穿著白袍、兩眼空洞、嘴巴微張，在醫院裡走來走去的畫面（我說不上來自己是否曾有這種經驗）。最重要的是找到適合你的方法。

對於醫生開的處方藥，我抱持一種非常開放的態度。我確實認真看待處方藥，但我也知道這些藥物背負著許多污名，這是我很難理解的一件事。人們經常吃止痛藥和抗生素，憑什麼認為「大腦藥片」就比那些藥物可恥得多？

先辦一件要緊的事：跟你的醫生預約。他或她可以為你提供建議，而且更重要的是，可以開處方箋！有時候，我開玩笑地說我的醫生有如我的「藥頭」（這種笑話她從來不笑）。在此，我準備深入討論各類藥物，毫不保留。

## 長期性藥物

- **選擇性血清素回收抑制劑（SSRI）**

面對這麼一個荒謬名稱，究竟該從哪兒開始說起？我有時忍不住懷疑製藥業故意用誇張的術語，只為了產生威懾的效果（等我改天再來數落這件事）。

SSRI會刺激大腦分泌血清素，被用來治療各式各樣與焦慮和憂鬱有關的疾病。我可以進一步闡述，不過你知道這些就夠了。還記得我在第一章提醒你隨時加滿油缸嗎？SSRI正有這種效果。英國市面上有各種不同的SSRI任君選擇。根據國民保健署（NHS）所述，其中最常見的是：

- ✗ 西酞普蘭（citalopram，例如「解憂喜」）
- ✗ 氟西汀（fluoxetine，例如「百憂解」）
- ✗ 帕羅西汀（paroxetine，例如「克憂果」）
- ✗ 舍曲林（sertraline，例如「樂復德」）

從個人經驗來看，西酞普蘭和舍曲林是醫生比較常開的兩種藥物，可以長期服用。一開始，你應該每個月回診一次，但可以逐漸降低回診頻率。我服用舍曲林兩年了，現在每半年回診一次。請務必赴診，那是你表達顧慮以及讓醫生評估藥物是否發揮作用的良機。

我最常聽到的顧慮是：「我擔心副作用。要是上癮了怎麼辦？我的身體應該可以自然而然解決這個毛病。」我深有同感；我也希望我的身體不必吃藥就能分泌更多血清素。不過話說回來，我也同樣希望以自然的力量趕跑偏頭痛、治好斷掉的手臂，甚至讓我的雙眼發射出閃電砲。遺憾的是，有些人的確需要稍微藉由藥物的幫助來控制焦慮，所以請試著用平常心看待抗焦慮藥物，就像你看待治療生理疾病的藥物那樣。

是否可能出現副作用？當然——生活從來不會盡如人意。不過，由於「副作用」這個詞會引人聯想核化物和變異力量之類的畫面，我們得把它放進合適的背景脈絡。副作用通常發生在剛開始服用新藥時，因為你的身體正在努力適應化學濃度的驟變。對大多數人（包括我）來說，副作用只會持續幾天，有些人甚至毫無副作用。最常見的副作用包括：

- ✗ 增加焦慮感（這是因為你的大腦被新的化學物質嚇壞了）
- ✗ 嗜睡和倦怠
- ✗ 噁心
- ✗ 暈眩
- ✗ 視力模糊
- ✗ 性慾低落

我個人在一開始治療時，變得很嗜睡且非常情緒化。換句話說，我接連兩天哭了睡、睡了哭。那並不好受，但也不是什麼無法應付的事。是不是很受罪？是的。到頭來值不值得？在我看來，的確值得。

**小提示**

如果你一開始吃的藥沒什麼效果，別灰心。跟生命中的許多東西一樣，關鍵在於反覆嘗試，總會找到一個最適合你的。

在非常罕見的情況下，目前已知某些SSRI會導致病人產生自殺的念頭，或陷入重度憂鬱。一旦發生這種狀況，請立刻詢問醫生，因為這是藥物跟你的身體不和的跡象。同樣的，這是可以解決的問題，但你必須尋求醫療協助。至於成癮問題，我不建議你突然停藥（最好慢慢戒斷）。不過，SSRI的成癮狀況，並不是每個人似乎都害怕的「吸食海洛因上癮，躺在報紙上大小便失禁」的那種情形，兩者不可一概而論。

請注意，病情通常在服藥兩週之後才會慢慢好轉，所以不要期望一夜見效。另外也請記得，雖然SSRI不會神奇地解決一切，但它確實能讓焦慮變得比較容易對付。

## 短期性藥物

- **普潘奈（Propranolol）——乙型阻斷劑**

這類藥物是開給主要受到生理症狀所苦的人，對心跳過速、手抖、冒汗和臉紅等毛病能有奇效。

這些年來，普潘奈已成為社會名流和企業高層的首選藥物。我喜歡把這些藥片稱為「冷靜丸」。為什麼？因為它們會減緩心跳速率（在安全範圍內——別慌！）曾有醫生告訴我，這類藥物可以讓你「展現出最佳的一面」，這就是據說許多高層人士會在重要會議之前服用一顆的原因。不過，它們對情緒或精神狀態絲毫不起作用，所以別想靠它們扶你一把——焦慮感依舊會存在。我個人會在絕對必要時吃一顆乙型阻斷劑——例如手抖得特別厲害，或者飽受壓力以致身體出狀況時。

如果最折磨你的是生理症狀，那麼你或許可以考慮乙型阻斷劑。不過同樣的，請務必事先跟醫生討論你的各種選項。

• **佐匹克隆（Zopiclone）——安眠藥**

好吧，這一款稍微猛一點。但是，有必要來一次開誠布公的討論。對我來說，缺乏睡眠是引爆焦慮的一大觸發因子。這一點合情合理：不論焦慮或不焦慮，沒有人可以在疲倦的時候正常發揮！我一直有睡眠障礙，壓力特別大的時候益發嚴重。

這是一個惡性循環：只要一失眠，我隔天就會感到焦慮、陰鬱，開始擔心晚上無法入睡，以至於睡前高度緊張，結果因此更加不可能睡著！跟醫生充分討論之後的決定是，我應該嘗試短期服用佐匹克隆，它幫助我再度回歸規律的睡眠模式。

✘ 在治療睡眠問題上，佐匹克隆既安全又有效。如果你很難入眠，那麼看在老天的份上吃一顆吧！別瞎操心「那不自然」之類的屁話。我們偶爾都需要一點幫助。

✘ 不用說也該知道——吃藥時別喝酒。

✘ 又是一句廢話——用量得遵照醫生指示。

✘ 和SSRI不同，佐匹克隆有可能產生依賴性，不得連續服用兩星期以上（不過，反正只要吃個幾天，應該就能恢復正常睡眠）。

## 小提示

以下是其他幾種助眠的訣竅。要求醫生開藥之前，不妨先試試這些方法。

- **Nytol：**如果對處方藥不太放心，可以試試這個牌子的非處方藥，說不定很有效。
- **增加身體溫度：**最好泡個澡，熱水能消除肌肉緊張。泡在浴缸裡，就像得到一個大大的溫暖擁抱。
- **薰衣草精油：**這是公認可以讓人放鬆的香氛氣味。塗一點在睡衣或床單上（或者加個幾滴到你的泡澡水中）。
- **薄荷茶：**如果你因為胃痛而睡不著，這個方法真的很不錯。我通常不會勸人喝花草茶，但是薄荷茶確實有效。
- **繃緊與放鬆：**刻意繃緊身體各部位的肌肉，好好持續五秒鐘，然後放鬆。這能帶來一波舒服的感受。

✗ **按摩：**你可以自己來——不需要藉助任何高檔精油！花幾分鐘好好按摩自己的頸部和腰部肌肉，釋放緊張壓力。

✗ **遠離手機、平板等通訊媒體：**看YouTube影片或上網閒逛是無法幫助睡眠的。

✗ **規律生活：**當我很難入睡，我會試著謹守生活的規律，因為身體會對規律產生良好反應。例如每天早上七點起床，晚上十一點上床睡覺（即便週末也不例外）。

- **地西泮（Diazepam）——鎮定劑**

啊，地西泮——煩寧（Valium），大名鼎鼎的「靈丹妙藥」，人稱「媽媽的小幫手」。這一款同樣有點猛，但如果審慎使用，它可以非常安全有效。以下是你需要知道的幾個好處和潛在風險：

✘ 這是一種有鎮定效果的肌肉鬆弛劑，對於紓解焦慮與恐慌的症狀極為有效。

✘ 它經常被稱作「靈丹妙藥」，因為它能解除壓力與焦慮產生的生理、精神與情緒症狀。簡單地說，它是一種超級鎮定劑！

✘ 當然了，其中必定暗藏玄機。不，你不需要交出你的小孩，不過，這不是一種可以長期服用的藥物，如果服用過久，會產生依賴性。你肯定不想落到「需要」被人揍一拳才能恢復正常感受的地步。

✘ 跟醫生討論你的用量——一般建議不要連續服用地西泮超過兩星期。

✘ 別誤會，我絕對無意嚇唬你。經常看我部落格的人就知道，我非常支持在必要時服用地西泮。和許多事情一樣，一切終歸靠常識判斷。如果一整個晚上，恐慌症一波接一波來襲，或者你的肌肉因緊繃了好幾小時而疼痛，那麼吃一顆準沒錯。這正是這種藥的用途。何必無謂地受苦？

✘ 這種藥適用於症狀比較極端的病人。

✘ 同樣的，請仔細閱讀用藥指示。記得：服藥期間千萬別喝酒、開車或操作重型機械！

## 如何應付可能出現的短期副作用

以下是我認為該做和不該做的事：

✗ 跟你最親的人聊聊，告訴他們你可能出現了副作用，這幾天需要他們多給你一點耐心和支持。

✗ 規劃自己的用藥時間表。好比說，假如你週一到週五得上班，我建議你從星期五開始吃藥。你可以利用週末休息，不必擔心工作。為求保險，我星期一也會請假一天待在家裡。

✗ 確保家裡有足夠的補給品度過週末。我指的是柔軟的面紙、舒服的睡衣、餐廳的外賣菜單、巧克力和洋芋片之類的好東西，以及看不完的電影和電視節目。我四十八小時內大概可以追完兩套影集！

✗ 多問問題。醫生的工作就是幫助你，所以不妨對他們說說你的所有顧慮，必要的話，可以連續掛兩個號，預約較長的看診時間。

✗ 不要因為你「覺得好多了」，就一下子自行停藥；沒有什麼比這麼做更糟的了——這麼做會擾亂你的荷爾蒙和血清素濃度，最後讓你覺得更糟。等到停藥的時機成熟，再跟醫生討論停藥的計畫。

✗ 不要上網買藥；務必先問過醫生。

✗ 不必覺得丟臉；沒有什麼好羞愧的（我知道，說的比做的容易）。服用抗焦慮藥物，不表示你是個怪胎或瘋子！真要說的話，那是非常勇敢和積極的一步，況且，別人也不需要知道你在吃藥。

## 天然保健品

雖然在我看來，維他命和天然保健品的功效遠遠比不上醫生開的處方藥，但我相信它們確實大有益處，而我也確實每天服用。如果你不放心吃藥，那麼下面幾種補充品或許是個不錯的起點：

✗ Omega 3膠囊（魚油）：已證實能提高腦中的血清素濃度。別瞎搞——花點錢買正牌大廠的商品，確保自己買到純正的魚油。我一天吃三顆，但用量可能依品牌而有不同，請仔細閱讀包裝上的使用說明。這些東西大顆得要命，服用時需要配很多水。

✗ 維生素B群：可以支援神經系統，並有助於提高精力與活力。小心——這些維他命會讓你的尿液變成鮮豔的螢黃色！我剛開始吃維生素B群時，還以為自己變成了一個輻射人。

## 芳香療法

永遠不要低估嗅覺的力量——那是我們最原始的感官之一。強烈的氣味無異是對大腦深處的一輪猛攻。數千年來，精油便因為優雅的香氣和天然的療癒力量而受人歡迎。雖然我對精油的療效存疑（正如我懷疑嗅一嗅鼠尾草就可以治療肺炎），但我確實相信氣味可以觸發情緒反應。例如，當你擠在捷運車廂內，而旁邊的人身上發出很濃的體味。那會讓你反胃，對吧？你會因此覺得難受、生氣。另一種情況是，你偶爾聞到一陣香氣，瞬間把你帶回另一個時空。以我為例：每當我聞到香奈兒五號香水的味道，一下子就會回到八歲那年在奶奶家鬼混的日子，那讓我覺得既快樂又安全。

因此，令人感到安慰的氣味會對身心產生正面效果，如果你訓練大腦將特定氣味與鎮定或放鬆的心情連結起來，你就擁有一個非常強大的技巧。香氛是很好的辦法。我不是說它能阻止正在來襲的焦慮感，但它確實有一定的助益。

下面幾種香味最有助於放鬆：

- 薰衣草：經典的氣味，濃郁而醉人。
- 乳香：質樸而舒緩。況且，既然它夠格當作送給耶穌的禮物……
- 玫瑰：許多人稱它是「紓解壓力之后」。
- 依蘭：常用於SPA，特別適合做沐浴油。
- 天竺葵：振奮精神，早上沖澡時不妨灑個幾滴。

我睡覺前常常會在枕頭和睡衣上抹點薰衣草精油，因為現在我只要聞到這種氣味，就會聯想到睡覺。泡澡時，我喜歡加一點依蘭精油寵愛自己；而當我在陰鬱的冬季夜晚需要香氛給我一個擁抱，我就點燃乳香。

## 運動

運動是燃燒腎上腺素、平衡心情、提高活力的天然方法。我經常在部落格上大談運動的好處，因為我認為運動在復原的路上扮演了重要角色。相信我，我從不認為自己會變成「健身達人」，短期之內，你也絕對不會看到我去跑馬拉松。不過運動確實有幫助，這句話絕不打折扣。

焦慮的人會比常人分泌更多腎上腺素和皮質醇，這些荷爾蒙在體內流竄，沒有出口。你有必要找到天然的方法來釋放和平衡荷爾蒙的濃度。運動對每個人都有好處，是一種非常健康且天然的改善心情的方法。

當然，從事新的運動項目之前，請先諮詢醫生的意見（基於安全理由，我不得不帶上這句警語）。還有，請多喝水！噢，如果你身材苗條而且很容易掉體重，別忘了多吃一點。我剛開始跑步時，由於沒有攝取足夠的熱量，一不小心掉了好幾公斤。還有什麼更好的藉口，讓你在運動之後品嚐一塊美味的藍莓鬆糕？

現在能選擇的運動種類太多了。如果你討厭健身中心，可以去游泳、打球、慢跑，甚至在自家客廳跟著影片健身（這我沒辦法，因為我住公寓，有一次這麼做，鄰居抱怨樓上有一頭小象在東奔西竄！）做什麼都好，只要能加快心跳速率就行。我每星期運動三次，每次三十分鐘。

運動的另一個積極面，是可以幫助大腦習慣心跳加速和呼吸急促，這對有恐慌症的人特別有用。恐慌症發作時，大腦會讓你相信心跳過快和呼吸困難非常危險，因為那預示即將發生什麼可怕的事。不過在正常情況下（例如運動），這兩種症狀顯得再正常不過。因此，如果你能讓大腦適應這兩種症狀，下次發作時就比較容易寬慰自己：心臟狂跳和呼吸短促只不過是身體對腎上腺素的反應而已。

## 食物

我從來不曾節食，但我信奉健康的飲食之道。諷刺的是，剛確診得了焦慮症時，我最不想聽的就是別人告訴我關於蔬菜、水果和健康生活型態的各種好處。「他媽的給我那該死的藥！」我把健康飲食的概念斥為無稽之談。不過現在，我漸漸明白其中的益處。

先澄清一點：我的意思不是只吃沙拉和米果，其餘一概不碰。在我看來，沒有什麼比那樣的飲食方式更悲哀的了。不過，某些食物確實有益於大腦和神經系統。

✘ 鮭魚：富含Omega 3，能幫助大腦分泌血清素。

✘ 菠菜：含有豐富的鎂，有助於調節體內的皮質醇濃度。

✘ 酪梨：富含維生素B，有益神經系統。我喜歡把酪梨和荷包蛋放在吐司上，再灑點黑胡椒。真好吃！

✘ 杏仁：含有鋅，那是維持心情平衡的一個重要營養素。老實說，杏仁不是最好吃的堅果，但偶爾來個一把實在很容易做到。再說，你可以在包包裡隨身攜帶一小袋杏仁。

- 藍莓：被歸類為超級食物，含有抗氧化劑和維生素C，可幫助細胞修復（在皮質醇把細胞破壞得七葷八素時，就能派上用場！）
- 奇亞籽：有助於增加精力（在你戒咖啡時很好用）。

**小提示**

我喜歡每天早上用藍莓、菠菜、一顆蘋果（增加甜味）、枸杞和奇亞籽，混合打成一杯精力湯。用這種方法，你可以把所有營養素丟進果汁機，解決一天所需的份量。這是懶人夢寐以求的妙招！

我不是建議你只吃上面幾種食物，其他東西通通不吃。要是有人想拿走我的披薩和起司，我會把他們打趴在地上！不過，將上述幾種食物納入你的日常飲食，真的能為你帶來改變。此外，我最喜歡而且超級容易做的補腦食物是**清炒鮭魚時蔬**，以下是我的食譜。我不是烹飪高手，所以請多多包涵。

## 清炒鮭魚時蔬

份量：一人份

**食材**

一片鮭魚片
一大匙芝麻油
一包什錦蔬菜
一大把菠菜
一把蝦仁（去殼煮熟）
一顆蛋
一包微波即食糙米飯（沒錯，微波食品——我是頭懶豬）
一大匙醬油（酌量增減）
兩茶匙奇亞籽

**做法**

1. 將鮭魚放進烤箱隔水蒸烤（請查閱包裝上的烹調說明）。
2. 把油放進炒鍋加熱六十秒。
3. 加入什錦蔬菜和菠菜。
4. 炒菜的時候，順便把糙米飯放進微波爐。
5. 將鮭魚切成小塊，連同蝦仁一起放進炒鍋。
6. 把蛋打進鍋中，瘋狂地快炒，因為蛋熟得很快。
7. 加入熱好的飯。
8. 加入醬油調味。
9. 加入奇亞籽。大功告成！

以下是你在焦慮或緊張時，應該避免的食物：

✗ 咖啡因——這是眾所周知的事，但我們全都陷在其中。（我會在第三章詳述我的經驗）咖啡因會刺激身體分泌腎上腺素，這並不妙。說的明白一點，我指的是下列任何一項：

✗ 咖啡

✗ 茶（沒錯，恐怕如此。）

✗ 能量飲料——紅牛或許能為你帶來翅膀，但也能為你帶來手抖。

✗ 碳酸飲料。

✗ 低卡碳酸飲料——低卡汽水含有會損耗血清素的阿斯巴甜，所以其實比含糖飲料更糟糕。

✗ 酒精——尤其在面對壓力情境的前一天晚上。

## 大麻

大麻在精神醫學界引發了激烈爭論。它究竟有助於改善症狀，還是會讓事情變得更糟？美國已有許多州立法通過大麻的醫療用途，而在印度，使用大麻治療焦慮、緊張與憂鬱，已經有超過四百年的歷史。儘管大麻在英國並不合法，但人們照用不誤，大家心照不宣。如果無法取得，他們就跑到荷蘭抽大麻！

老實說，大麻不是我的菜。原因何在？

✘ 大麻臭得半死。

✘ 如果用錯了方法，大麻會灼傷你的肺。

✘ 後續效應難以預料。抽了大麻幾個小時後，我甚至變得更焦慮，尤其它還會加重我的心悸，害我坐立難安。（如果警察叔叔讀到這一段，我絕對沒抽過大麻……尤其沒有為了在派對上裝酷而抽大麻。）

✘ 它會引發妄想。我曾在派對上跟一個確信那天午夜之前會發生什麼壞事的男孩聊了整整一個小時；他說他感覺得到。然後他吃了兩包巧克力餅乾。

雖說如此，還是有許多使用者聲稱，大麻的危害還沒有酒精來得厲害。我不想捲入這場論戰，我只知道大麻對我無效，況且還有其他更健康的方法值得一試。

## 談話層面

我永遠忘不掉跟心理諮商師的第一次會談——簡直是一場鬧劇。我起初不想坐下，後來拒絕脫掉外套，全身僵硬地坐在椅子邊緣。當她問我感覺如何，我反覆地說，「還可以，是啊，別擔心。你呢？」彷彿我付錢給她來聊聊天氣！

彆扭死了；純粹是因為我不習慣如此坦承地談論我的情況。我打心裡相信她隨時會轉身對我說：「你是個瘋子！我現在就打電話叫人把你帶走！」不過，一會兒之後，我開始放鬆，漸漸明白心理諮商師的角色是提供幫助，不是來「揭發我」！能夠在一個不批判的安全環境對一個不帶偏見的人傾訴心情，是一種天賜之福。我終於能夠暢所欲言討論困擾我多年的種種事情，不必擔心惹惱別人，或覺得自己毫無遮掩。那真令人感到解脫。

第一次會談，大概是以下的情況：

✘ 心理師會向你介紹他們自己，以及他們所使用的技巧，並概略描述以後每一次會談進行的流程。

✘ 他們會針對你的狀況提出一連串的問題，例如，「你一星期有幾天會覺得焦慮？」

✘ 有些問題可能讓你覺得很煩，例如，「你是否曾經想傷害自己？」務必誠實回答，不會有人批判你。心理師只是想評估病情的嚴重性。

✘ 大多數人（包括我）會變得非常情緒化，所以別忘了帶上面紙！不必覺得丟臉。討論你不願意承認（甚至不願意對自己承認）的事，確實可能令人心煩意亂，不過也有洗滌心靈的效果。釋放憋了好久的情緒和壓力是件好事。所以，需要的話就好好哭一場吧，不必道歉！

✘ 為了從會談中得到最大的收穫，你必須誠實。請記得，心理師在這裡是來支持你的，你不必覺得羞愧，也不需要隱瞞。他們甚至可能發現你自己從來沒注意到的事。

跟心理師約診有點像在買樂透，視你居住的地點而定。我第一次向國民保健署申請看診時，他們告訴我候診名單排到兩個月以後去了（對於一個剛剛精神崩潰的人來說，真是屋漏偏逢連夜雨。）不過，我知道有人三個禮拜就掛上號；這還可以接受。若要約診，你必須先跟你的家庭醫生談過，然後要求看國民保健署旗下的心理師。如果兩星期之後還沒收到任何消息，記得催一催醫院。

我是在加入慈善組織「英國焦慮症協會」之後，才得到治療的管道。在我下筆的此刻，一年的會費是三十英鎊。除了許許多多的好處，會員跟他們核准的心理諮商師看病，醫療費用還可以打折扣。入會手續很簡單：會員需要填寫一張表格，概略描述他們的症狀、居住地和治療偏好。你也需要提供家庭醫生的資料，但這只是為了應付緊急狀況。交回表格後，會員會被分派給一位合適的心理師，後者會聯絡你安排第一次會談。這個過程一般需要兩週時間。治療方法五花八門，不過最常推薦給社交恐懼症患者的，要屬認知行為療法（cognitive behavioural therapy，簡稱CBT）和暴露療法（exposure therapy）。至於如何挑選心理師，請看以下說明。

## 選擇合適的心理師

在英國焦慮症協會幫我「牽線」之前，我曾自己付費找心理醫生。我手頭上有一點積蓄，當時在走投無路的情況下，為了得到幫助，花多少錢我都願意。於是我到哈雷街（Harley Street）隨便找了一個，理由是，「把診所開在哈雷街上的，想必是最厲害的醫生。」一節五十分鐘的會談索費一百二十英鎊。（順帶問問，這是從什麼時候開始的？從前一節會談是一個鐘頭，這個五十分鐘的東西是從哪兒來的？）無論如何，我見的那個女人讓我大失所望。她看起來心不在焉，而且花很多時間談論她所提供的服務，而非詢問我的狀況。我們第三次會談時，她還把我的名字給弄錯了——她叫我凱瑟琳（兩次），我們的合作關係就此結束！

我的一個朋友也有類似經驗。她得向她的心理師說明「內向」的定義，因為那傢伙從來沒聽過這個詞！真不是個好現象！

找到適合你的心理師非常重要。你可以先上Google搜尋，但我建議可以請心理健康慈善機構替你介紹。拿到名字之後，做一點功課了解他們的背景和經驗，要是不滿意，請慈善機構另外推薦一位。唯一的例外是國民保健署提供的醫療服務，因為他們是根據醫生的空檔來安排病患就診。如果你拒看一位醫生，可能得等好幾個星期才能排到另一個醫生。

心理健康大使奈特史密斯（Pooky Knightsmith）醫生建議說，請先問問自己：你的目的是什麼？可能會花掉多少時間和費用？這兩個問題都很實在。投資購買療程之前，有必要評估一下自己花得起多少錢，每星期究竟可以投入多少時間？

一般在第一次會談中，你可以預期你的治療師、諮詢師、心理醫生（隨便你想怎麼稱呼他們）會保守客氣，而且態度溫和。他們不是來迎合你或同情你的；他們的工作是進行評估。開頭十分鐘，他們應該會談談自己的經驗，以及他們可以如何幫助你，接著，他們會請你說說來看診的原因。如果過程非常情緒化，別感到意外，記得帶面紙！一旦把你的問題說出口，它們就正式存在了，這會令人很難受，特別是當你已經撐了好長一段時間。

想想下面幾個問題：

- ✗ 跟這個人相處，我覺得自在嗎？
- ✗ 我能相信他們嗎？
- ✗ 我能放心暢談自己的經驗嗎？
- ✗ 第一次會談結束前，心理師可能會問：「你是否願意繼續在我這兒進行諮詢？」在這個階段，你有十足的權利說，「應該可以，不過我想花一天時間好好想清楚。」不必急著當場給出承諾。
- ✗ 你也可以詢問你的心理師是否提供視訊會診——現今有許多人都這麼做了，非常方便（我有時候實在爬不起來去看醫生，因為出現在公共場所的念頭會讓我更焦慮）。

## 認知行為療法（CBT）

認知行為療法的理念基礎是，**我們的想法會直接影響我們的感覺與行為**。舉例來說，如果你相信某一次聚會必定糟糕透頂，你的行為舉止便會受到影響，例如迴避別人、姿態不良或者擺臭臉。（誰想跟躲在廚房裡那個一臉不爽的人講話！）

CBT是一種談話療法，專門以一系列的練習來改變你的思維方式。確切地說，CBT的目的是擊潰不理性的負面想法，例如「沒有人喜歡你」、「你會當眾出醜」以及「你什麼都應付不來」等念頭。

認知行為療法設法將各種負面想法分門別類，以下是幾種負面想法的類別：

✗ **極端思維：**沒有達到百分之百完美的事情都是狗屎。例如，「那段對話沒有完全照我的預期進行，簡直一敗塗地。」真的嗎？但大部分時候聊得真開心——你甚至把他逗笑了。「不，聊得爛透了，我失敗了。」

✗ **預測未來：**「明天的派對肯定很糟糕。不會有人跟我講話，我會備受煎熬，度日如年。」

✗ **災難化思考：**（這是我個人的最愛）你滿腦子想著最壞的結果，例如，「這次開會，我會結結巴巴，丟人現眼。每個人都會認為我是白痴，我永遠別想升職，一輩子過著悲哀的生活。」不誇張，我有時甚至想好事情出錯時該怎麼辦：「好吧，我到時就給老闆和團隊發電子郵件，說我當時不太舒服，然後請個假讓事情看起來真實一點，然後逃離這個國家！」

✗ **讀心術：**自以為能看穿別人的想法——沒想到吧，情況往往跟你以為的相差十萬八千里。例如，「艾瑪跟我聊天時一臉無聊，她只是可憐我才跟我說話，她一定認為我是全世界最失敗的人。」她或許只是累了，或者她的個人生活出了什麼問題？「不，肯定是因為我。」

✗ **對號入座：**認為一切壞事都跟你直接相關。例如，「山姆今天看起來很不開心，我一定做了什麼事情惹他生氣了。或許我該說些什麼？」他昨天確實說過他感冒了——或許是因為那樣？「不，肯定是我得罪他了。」

✗ **只看到事物不好的一面：**例如，「菜還不錯，可是我選錯酒，毀了一切。整個飯局是個失敗！」但是你張羅了美味的一餐，大家都讚不絕口。那不是你原先想買的酒，但也不算太壞啊。「不，那瓶酒毀了一切。」

還有許多類別我沒提到，但這些是最基本的，搞懂它們能夠幫助你在各種練習中認清自己的負面想法。

**小提示**

認清你的引爆點，能幫助你占得先機，搶先一步對付你的焦慮。如果我不久後需要在公司會議上發表簡報，我會同時做好專業和心理上的準備。當你認出一個引爆點，把你感受到的症狀寫下來——包括生理和心理症狀。哪些念頭跳進你的腦海？你有什麼感覺？這會在日後的CBT練習中派上用場。

你可以自己在家裡進行CBT，但我建議至少先跟心理師談過三次，因為他們能幫助你找到正確的方式。更何況，跟一個沒有預設立場的陌生人傾吐煩心事，那感覺非常痛快。他們能看到你看不到的事，提供有用的建議。你是付錢請他們聽你說話，所以不必覺得愧疚！

CBT有各種方法對付不理性的思維，我最喜歡的是「意念圖」練習。當負面想法在我腦子裡氾濫成災，我會做這種練習。意念圖練習是整理負面念頭、一一駁斥它們的好方法。網路上有許多樣板，但下面是我的基本做法（不妨把步驟的標題寫在紙上，或放進手機記事本中）：

## 意念圖練習

### 1. 負面想法

將負面想法清清楚楚寫下來：

「珍覺得我那次開會時表現得像個白痴。」

「我肯定會在今晚的聚會上出洋相。」

### 2. 情緒

寫下你的感受。（有些樣板要求你針對感受的強度給予一到十的分數，但我不覺得打分數有什麼用，你可以選擇要不要這麼做。）例如：憂慮、害怕、焦慮、緊張……

### 3. 找出思維謬誤

仔細分析先前你列出的負面想法，看看它們屬於哪些類別。

「珍覺得我那次開會時表現得像個白痴。」（讀心術和非黑即白的思維。）

「我肯定會在今晚的聚會出洋相。」（預測未來和災難化思考。）

### 4. 有證據證明這些負面想法是真的嗎？

明確地說，我指的是具體的證據。駁斥負面念頭時，一個有用的訣竅就是，**想想它是否經得住在法庭上的論證**。舉例來說：

法官：你從哪兒看出你的新同事討厭你？

我：這個嘛，我講笑話的時候她好像沒有笑，而且她昨天看我的表情怪怪的。

法官：你是來亂的嗎？

## 5. 新的念頭

現在，在認清了你的思維謬誤，也檢驗了呈堂證供之後，不妨以新的理性評語改寫你的念頭：

「珍覺得我那次開會時表現得像個白痴。」

遺憾的是，沒有人有讀心術，否則每個人都可以變成超級英雄！她當時在想什麼，你其實一無所知，而且她不太可能因為你說的某一句話，就覺得你是個白痴，她搞不好根本就沒在聽你說什麼。想想看：你自己多常在開會時走神？

「我肯定會在今晚的聚會出洋相。」

這是一句非常大膽的斷言！同樣的，沒有人能夠預測未來。你是被情緒唬得去相信一件甚至還沒發生的事。當然，你今晚或許不會是一隻長袖善舞的花蝴蝶，那沒有關係，除非你打算頭上插一朵花在屋子裡裸奔，否則我不認為你會出什麼洋相。

**小提示**

CBT的一大缺點就是費時，你可能得花一段時間才能辨識出所有類別的「思維謬誤」。解決辦法之一，就是把它們用你自己的話寫下來，讓它們更切合你的情況，這樣會比較好記。

## 暴露療法

暴露療法對我特別有效。這是一種比較激進的治療方式，因為它涉及到刻意觸發某種焦慮情境，但從我的經驗來看，效果非常持久。不過，除非你已開始想辦法對付內心的惡魔，情緒變得比較穩定，否則我不建議你採用這種方法。

基本原理非常簡單。你將自己暴露在一個令你不舒服的情境，讓自己感到焦慮，然後設法挺過去，直到你對這種情境越來越無感。話說回來，這不表示懼高的人得從飛機上跳下來！也不表示害怕公開演說的人必須去主持一場大型會議！真要說的話，那麼做大概是留下心理創傷的最快捷徑。**關鍵是一點一點慢慢來，一次進步一點點，逐步戰勝你的恐懼**。這能幫能助你建立穩固的基礎，讓大腦更容易接受與記住。

**基本原理**

暴露治療的做法是觸發某種令你焦慮或恐慌的情境，好讓你學會以積極的態度面對焦慮。基本上，它是一種演練的技巧，幫助你做好充分準備，面對真正的危機。如果你要進步，你必須接納焦慮或恐慌帶給你的感受，而不是設法抵抗。這並不容易（這是極度輕描淡寫的說法），但確實可以做到。如果一開始嘗試了幾次都沒有效果，不要灰心。我第一次嘗試時（那是在一家餐廳裡），我毫不誇張地站起來大喊一聲「我不玩了！」然後轉身離開！

恐慌和焦慮並非愉快的感受，想躲避它們乃人之常情。不過，當你逃離那樣的情境，你無疑是在肯定大腦（杏仁核）的作為，承認大腦觸發焦慮是一個正確的反應，因為你正處於危險之中。杏仁核學會了其中的連結，日後便會自動觸發焦慮。我在餐廳沒有遇到任何危險，然而一旦奪門而出，我就是在告訴大腦我陷入了險境。

所以——儘管聽起來可怕得要命——接納恐慌焦慮以及隨之而來的種種不舒服感受，是對付焦慮的最好辦法。只有當你處於恐懼狀態，杏仁核才能進行學習，所以唯有留在原地面對狀況，它才有機會認清你沒有遭遇危險，下次就不會觸發如此強烈的焦慮。那麼，問題來了……我要如何接納焦慮或恐慌來襲？第一次提出這個問題時，我拿它跟接受別人在我的肚子上揍一拳相提並論。怎麼可能做得到？

我的男神大衛．卡博內爾（David Carbonell）提出一項對策。他的網站或許看起來很陽春，但內容是滿滿的純金！我修改了他的AWARE流程，理由有二：第一，我討厭縮寫字，第二，我真的覺得其中的E有點多餘，但你得上他的網站看看，自己做出判斷。所以，我的版本如下：

## 第一步：迎接恐慌／焦慮來襲

當下承認恐慌或焦慮正逐漸發酵，讓你感到害怕。別試著抵抗或強迫它消失（那只會讓事情變得更糟）。相反的，對自己說：「好吧，來了，開始了。恐慌症無法傷害我或讓我發瘋——那是不可能的。它只會引發一時的痛苦和不自在。」讓它像一陣波浪沖刷而來，就像遭人錯怪，莫名其妙被訓了一頓的那種心情。停止用身心去抵抗——就讓它來吧。有時候我甚至對自己說，「你好，恐慌症，我在這裡恭候大駕。」歡迎它的到來。

這一開始會讓你很難受，或許你會變得更情緒化，因為你的大腦以為你在漠視危險徵兆！如果真的如此，別害怕，那是好事，表示這個方法奏效了。

## 第二步：稍待片刻

如果你跟我有一丁點相似之處，那麼恐慌會讓你一時頭腦不清，那就是我們之所以逃之夭夭或做出躲廁所這類蠢事的原因！所以我說的「稍待片刻」，指的是

「留在原地不動」（不妨從一數到十）。堅持留在原地，你的理智面才有時間開始運轉，在你輕舉妄動之前評估狀況。

你肯定會出現逃跑的強烈衝動，因為同樣的，杏仁核以為你遇到了危險。「你他媽的在搞什麼鬼？我們會死。你必須馬上離開！」我的杏仁核就是這麼告訴我的。不過，留在原地可以幫助杏仁核學到更多。

**第三步：安慰**

現在，我們需要幫助身體覺得舒服一點，因為它很可能處於痛苦之中！首先把全身肌肉繃得緊緊的，持續五秒鐘，然後放鬆。這是一項經典練習，所以如果你已經聽過這種方法，請多多包涵……不過，這種方法確實非常有效，有助於提高身體含氧量，並舒緩心悸和呼吸急促。至於**腹式呼吸**，實際示範要比文字說明容易多了，不過我還是在此盡力一試。

1. 吐氣——大嘆一口氣，彷彿你真的受夠了。這能放鬆肌肉。第一次深呼吸之前，你只需要這樣吐氣一次。

2. 用鼻子慢慢吸氣，一邊吸氣，一邊盡可能鼓起你的肚子。不妨把一隻手放在肚子上，確保自己用正確方式吸氣。
3. 屏息幾秒鐘。
4. 呼氣時，慢慢縮緊腹部。
5. 重複三次或更多次，視需要而定。

**第四步：回到當下**

如果你正在開會，那就用心聆聽別人的意見或提出問題。如果你正在搭乘公共交通工具，不妨向另一位乘客微笑，或者問他現在幾點了。

**第五步：做好恐慌再次來襲的心理準備**

如果恐慌再度發作，別擔心——那是再正常不過的事。只要重複上述步驟就行。

＊＊＊

現在，準備工作都做好了，我們可以進入下一個階段。想想有哪些事情會誘發你的焦慮反應，可能是聚會、工作、開車，甚至是某一個人。不過，是什麼其實無關緊要。列出十個步驟，從最簡單的開始，最難的留在最後，這會是你的「暴露挑戰清單」。按照你的實際狀況擬定適合你的清單。如果你在很多方面陷入掙扎，大可多寫幾種狀況。

以前，我在開會之前都會感到焦慮或恐慌（現在偶爾還是會）。為了示範，以下是我對付它的步驟清單：

1. 坐在家中客廳，閉上眼睛，想像自己置身於一場會議之中。想像每一個細節，從會議室的布置到每一位與會人士的模樣。
2. 坐在公司的辦公桌前，想像自己置身於一場會議。

3. 獨自在會議室坐五分鐘，不關門。
4. 獨自在會議室坐五分鐘，把門關上。
5. 獨自坐在會議室裡，關上門，想像自己正在發言。大聲說出一句話，想像其他人都在看你。
6. 跟一個朋友到會議室坐下，隨意聊天。
7. 跟一個朋友到會議室坐下，討論與工作有關的事。
8. 在家裡，跟一位家人或夥伴一起坐在桌邊，假裝真的在開會（事先告訴他們這是一次練習，告知他們討論的主題）。在那兒坐十分鐘。
9. 參加一場真正的會議，但事先告訴老闆你只是在旁觀摩。
10. 參加一場真正的會議，貢獻意見一次。

這個例子是專門根據我的問題設計的，我承認它看來很無聊，甚至很荒唐。但是慢慢累積、逐漸進步真的非常重要。

## 其他治療或練習方法

### 靜觀冥想

這是最近蠻受歡迎的一款應用程式「Headspace」（簡單冥想術）是一款很棒的APP。它提供免費課程，每次十分鐘，讓你可以跟著一步步練習。每一節課都會談到基本的呼吸技巧，並教你如何將專注力放在身體上。有些人對它提供的方法讚不絕口，有些人則不置可否。冥想的基本用意是讓大腦處在當下，不去思考過去或未來，專注於自己的身體和感受。我這個人差不多總是活在過去和未來，不是想著等會兒需要做什麼，就是在腦子裡重演之前發生的事情，所以我對這個概念非常感興趣。

老實說，我得到的結果好壞參半。這項練習要求使用者專注於呼吸，但這會導致我換氣過度！另外，對我的大腦而言，「活在當下」是個全然陌生的概念，做起來得費點勁。我經常發現自己魂不守舍，不小心因為其他事情走了神，不過，正如這個APP所提醒的，這種現象完全正常。

使用Headspace七天後，我開始察覺到改變。現在，我每星期有三天的早上做這項練習，為一整天做好準備。我得承認，花十分鐘全然專注於自身而不感到內疚，這種感覺真好。基本方案是免費的，但是若要解鎖其他練習，你得訂購服務並支付月費。除了Headspace這類市面上受到關注的應用程式，還有各式各樣的書籍和線上資源可以教人靜觀冥想。

## 小提示

當你抱著無所謂的態度，不對這些練習工具寄予太高的期望，通常效果比較好。所以試著這麼想：「要是有效，那好得很；沒有效也沒關係。」先嘗試十天再下評斷。

## 轉移心思

我們偶爾都需要轉移心思，讓大腦暫時遠離負面念頭。轉移心思極其有效，做法可以很簡單，也可以很複雜，隨你喜歡。以下提供幾個點子：

- 盡可能想出以字母「A」開頭的女孩名、男孩名、樂團、國家、動物或髒話（隨你挑選）。
- 試著回想《冰與火之歌：權利遊戲》影集中每個角色的全名。
- 在腦中模擬從你們家走到市中心，具體想像途中經過的每一條街、每一個瞬間和每一家商店。我睡不著的時候就用這個方法，感覺有如在安全的床上展開一段冒險。
- 手機遊戲很棒，而且通常可以免費下載。
- 有聲書也很好用。

## 重新聚焦於積極面

大腦很少專注於當下（除非你正遭遇襲擊）——它通常在過去和未來的某個地方遊蕩。杏仁核非常戲劇性，我的杏仁核喜歡創造值得拍成連續劇的青春校園劇，涵蓋各種陰錯陽差的情節。不過，每一集的結尾都一樣：我當眾出糗，丟盡顏面。雖然戲劇性的情節很容易引人入迷，但這些關於事件將會如何發展的「不實預感」可說是殺傷力十足。意念會引發情緒反應，所以你不僅覺得緊張，還會覺得自己真的經歷了痛苦。但這些都是心理作用，因為事情甚至還沒發生！

對抗這個問題的辦法，就是控制你的想像力，並試著改寫劇本。花一點時間想像事情進展得十分順利，想像人們笑容可掬，並想像你打算說的一些話。這會讓你的身體產生一種正向的情緒，帶給你額外的自信。

## 創作手工藝

動手創作是很好的辦法，可以讓你以正面、積極的方式轉移大腦的注意力。手上有件作品來集中你紛亂的心思，既可以讓雙手保持忙碌，又可以防止大腦開小差。寫作、編織、烹飪、園藝、製作拼貼畫……有許許多多選項可以選擇（而且非常好玩！）

## 焦慮急救箱

我是「個人急救箱」的重度使用者。簡單地說，在這個箱子裡面裝滿對你有意義的獎賞和活動。唯一的規定是，你只能在需要打氣的時候去翻急救箱，那是獎勵你撐過一天或某個困境的獎賞。我的急救箱裡放了一瓶好酒（還用說嗎？）、吃不完的金莎巧克力球、高檔的泡泡浴精、「頂尖王牌」紙牌遊戲、一本字謎、至少三本小說、一套歷史紀錄片（別笑，我是個鐵桿歷史迷），還有指甲油……基本上囤滿了各種好物。你的急救箱不需要搞得大費周章，但裡頭必須有能讓你不禁浮現微笑的東西。

## 養寵物

在我看來，動物的愛是世界上最純粹的愛。我的愛犬「麗格碧」在我復原的第九個月進入我的生活，從此對我的精神穩定發揮了重要作用。（儘管我最初覺得，天啊，我哪有能力照顧她——我連自己都照顧不了！）當你度過糟糕的一天、被焦慮耗盡了力氣，跟寵物來個「愛的抱抱」，真的有助於平復心情。這種鎮定作用不限於狗，貓也是能安撫心靈的伴侶，而且不論在實際工作或經濟上，牠們都比狗好養多了。貓咪喉嚨裡發出的咕嚕咕嚕聲，是最令人放鬆的聲音（純屬個人意見）！不過，貓咪常常會把奇怪的鳥類或昆蟲當成禮物帶回家……所以不適合神經質的人。

你什麼都不需要跟寵物解釋。你不必為了跟牠們大吐苦水而道歉，也不會在牠們面前手足無措，覺得自己很傻。不管你是什麼模樣，牠們照樣愛你。睡不著的時候有寵物陪伴著，感覺也很棒。

不過，照顧寵物可能很花錢。如果不能好好照顧，千萬不要帶寵物回家。養寵物意味著定時餵食、看醫生、美容剪毛、買玩具、清理大小便、安排白天的照顧等等，你看得出來，我非常關心這些事情！如果你有全職工作，那麼養狗一年平均需要花費五千英鎊（不論純種狗或雜種狗），大部分的錢都花在日托中心。如果你在家上班或者只上半天班，費用可以降到一年一千英鎊出頭。遛狗真是個見鬼的好賺行業！不過，養貓就便宜多了（因為不需要送日托中心）——一年大約一千英鎊左右。如果你能做到上述事項，寵物確實能為你的生活注入正面能量與安慰。

# 第三章 校園生活

## 學校生活

人家說學生時代是一生當中最美好的時光。欸，我可沒說誰是騙子，但他們肯定是在他媽的鬼扯吧！我到現在還會做有關學生時代的噩夢。

讓我們從文學的角度看看：大衛．科波菲爾❷成天挨揍，簡愛被罰站，在椅子

❷ 編注：大衛．科波菲爾（David Copperfield）是十九世紀英國作家查爾斯．狄更斯《塊肉餘生錄》（*David Copperfield*）中的主角，這部作品描述了科波菲爾的成長經歷，帶有作者狄更斯的自傳色彩。

上一站就是好幾個鐘頭，而哈利．波特……呃，他每隔一兩天就會被這個或那個東西攻擊。不過沒必要絕望。學生時期也許很難熬，但它總會結束，而且在當今這個時代，你不需要一個人默默受苦。

許多學校比以前更懂得關注心理健康議題和年輕人承受的壓力。例如，我有個朋友是國中老師，她的一名學生在模擬考試卷上寫著：「我應付不了考試環境，我要如何搞定真正的考試？」她非常認真看待這個問題，下課後立刻找那名學生過來談談。他們一起制定了一套計畫，幫助這個學生練習如何應付考試的情境。這套迷你的暴露療法幫助學生準備好面對真槍實彈的情境。正如積極提倡心理健康的娜塔莎．戴文所言，「你不能把大人所受的壓力程度放到孩子身上，還期望他們從容以對。」教育系統已開始嚴肅看待這件事情。

遺憾的是，我唸書的那幾年，心理衛生和情緒健康的議題還沒受到人們普遍的重視。中學時期特別煎熬，我實在沒辦法裝得若無其事，那是我這輩子第一次被迫展現人們認定的「可取」行為，無法依照本性行事。沒完沒了的小組討論、在課堂上發言和朗讀，這些都是用功學生會做的「正常」活動。相反的，我寧可獨立作業，在小群體中發表意見，而不是對著全班三十個好奇又興奮的青少年高談闊論。更糟的是，只要老師一跟我說話，我就會嚇得呆若木雞。說真的，我能記住自己的名字就該偷笑了！那不是我能夠充分展現長才的環境，悲哀的是，老師們對我的窘迫一無所知。以我在地理課堂上，老師寫下的教學「觀察紀錄表」為例：

克萊兒是個害羞而矜持的女孩。如果沒有點到她的名字，她不會主動回答問題，也不喜歡跟同學分享她的作品。她似乎花許多時間做白日夢，令人憂心。如果希望成績優異，她需要突破自我、敞開心扉。

請注意，這份觀察紀錄完全沒提到我在學業上的實際表現（我的成績基本上不是A就是B），只談論了我的性格，真是奇怪。老師們通常假設，由於我愛做白日夢而且在課堂上悶不吭聲，我肯定有什麼地方不對勁。數學老師曾經一時發火，忍不住說我是個「煩人精」。這個標籤讓同學們不斷拿它來嘲笑我。儘管我如今擁有學士學位、碩士學位和一份好工作，在灰暗的時刻，我仍然認為自己是個討厭的「煩人精」。標籤就是這樣——它們黏得他媽的牢！雖然那些傷人的話幾年前就消停了，但傷害已然造成。

我對外表和性格的信心也在中學時代受到嚴重的打擊。同學們樂得說我是個醜八怪兼怪胎，尤其喜歡批評我又乾又瘦、面無人色、胸部有如飛機場跑道。長大後，我會叫他們全都滾一邊去，但當年那個年輕而敏感的女孩把他們的話奉為金科玉律，好多年來不斷花錢買古銅色乳液和襯墊胸罩！我曾多次染髮，以為只要擁有一頭金髮、小麥色肌膚和大胸部，日子就會平安順遂。我成長在足球大嫂團當道的年代——長得像足球明星的太太或女友是每一個女孩的終極目標。不過，這段時期的所有照片後來都被我毀屍滅跡了！

所以，總歸一句話，那段時期非常難熬，十五歲以前，我已經出現焦慮的顯著症狀，在課堂上，只要有人對我說話，我就滿臉通紅；而我越是擔心被人發現臉紅，就越發地面紅耳赤。手抖的問題也相當嚴重，所以我最討厭在課堂上舉手，以免被人發現這個毛病。我當時並不明白，這是與焦慮長期抗戰的開端。正如大多數人的做法，我努力漠視它，但願長大後會自然好轉。我不瞭解自己究竟出了什麼問題。直到上了大學，我終於認清我不是個怪胎或異類——我其實只是性格內向而已！

**內向——以下是典型內向性格的迷你側寫：**

- ✗ 內向的人喜歡聆聽，不喜歡主導對話。（這不表示他們個性害羞。）
- ✗ 內向的人偏愛小群體和密談，勝過參與大型的團體活動。
- ✗ 內向的人需要「停機時間」。他們的大腦有可能受到過度刺激，需要時間重新充電。就我個人而言，我每天能「給予」別人的精力有限，一旦用光額度，我就報廢了。如果無法重新充電，我會變得暴躁而情緒化。相反的，外向的人需要與別人相處才能充電。

讀了蘇珊．坎恩（Susan Cain）的《安靜，就是力量》這本書之後，我終於豁然開朗。內向沒有關係！你不會因此成了軟柿子或懦夫。事實上，世界上許多最有權力的人都是（或者自認為是）內向者：

- ✗ 歐巴馬
- ✗ 林肯
- ✗ 狄更斯

✘ 曼德拉

要是我在學生時期就能認清這項事實，那該有多好！性格內向完全沒有關係，從許多角度來看，那甚至是件好事。與別人不同並不等於奇怪，我長大以後終於明白這一點。

## 大學時期

上大學是我遭遇過最劇烈的文化衝擊之一。我跳脫被嚴密控制與支配的中學生活，一下子掌握了生命的大權。住在外地、安排自己的時間表、不必向同學介紹自己……從條條框框到毫無規則——太震撼了！我在老家的密友如今分散全國各地。我得從頭開始。

學校的就業輔導員告訴我，「大學生活將是你一生最美好的時光，在這裡你會交到一輩子的朋友，發展成一個全方位的大人。」她沒有告訴我的是，我會窮得半死、住在垃圾堆，而且為了融入團體，我得無時無刻精力充沛、超級帶勁。特此澄清：我熱愛精采的夜生活、喝雞尾酒、跟朋友談天說地，更重要的是——跳舞！（不蓋你，我可以掀翻任何一座舞池。）但即便正值十八歲的青春年華，我也沒辦法夜夜狂歡——我累壞了！我發現大學的社交生活特別費勁，你得努力成為一個舉足輕重又風趣好玩的人。一夜情、連續熬夜、吸食古柯鹼，這些全是常態。這些事情我都沒幹，所以我應付得力不從心。

## 酒精和咖啡因

一天晚上，我發現了一種能撲滅我的種種焦慮、讓我信心十足的神奇物質——想也知道，我說的是酒精。那是個奇蹟，我終於找到我的仙丹了！幾杯液態勇氣下肚之後，我整個人脫胎換骨。我可以跟陌生人攀談，放鬆好幾個小時，做個「正常人」。如果故事就此結束，那該有多好，對吧？我和我的酒瓶一起策馬迎向落日餘暉。哎，酒精雖然能夠短暫紓解焦慮，卻不是長期的解決辦法，因為……呃，其中必有蹊蹺對吧？這就是人生！

我漸漸仰賴酒精幫助我度過社交場合，甚至還沒出門，我就開始喝了。（別擔心，還沒到告訴你我成了酒鬼，有三年時間抓著伏特加酒瓶倒在陰溝裡的地步。）我真心希望酒精能解決我的所有焦慮，因為它的效果是如此立竿見影。每次讀到有關借酒澆愁愁更愁之類的文章，我壓根兒不信，那想必只是政府為了防止學生縱飲過度而說的鬼話吧？

不過，到了二十三歲，我再也無法忽視種種跡象。飲酒過度確實會加劇焦慮的症狀。首先，酒精會讓大腦變得怠惰，減損它應付壓力的能力。我的意思是，如果你找到了神奇的仙丹，何不用它來解決所有的問題？如此一來，你的大腦再也不必獨自面對恐懼。讓大腦養成怠惰的習慣確實不好，因為大腦是你最寶貴的工具，應該隨時保持強大。

最大的害處是宿醉。許多年輕人（包括當年的我）並不明白，宿醉不僅影響生理層面（噁心想吐、頭痛欲裂，簡直生不如死），還會對情緒及心理健康造成巨大衝擊。大醉一場後，每個人隔天都會陷入自己嫌惡的心情。但假如你為焦慮所苦，情況可能還要糟糕得多，因為酒精攪亂了腦中的血清素濃度和其他荷爾蒙。

還記得我們在前文中提到血清素的重要性嗎？喝酒基本上會把事情攪得一團糟，尤其是酒精開始漸漸退去的時候。我會因為宿醉而一整天躺在床上，覺得自己很悲哀。酒精還會加重我的偏執感——相信我，那種感覺沒有加重的必要！我會糾結於前一天夜裡發生的事：我有沒有當眾出醜？我的朋友為什麼沒有回覆我的簡訊？我開始瀏覽社交網站，瘋狂搜尋任何丟臉的照片。

酒精也會讓我渴望糟糕的食物，糖、鹽、飽和脂肪，這些通通是頭號罪犯。我們都知道它們對身體有害，殊不知大量攝取這類食物也會傷害大腦。攝取過量的糖分，會導致腎上腺素激增，而宿醉則會令人疲勞，這就順理成章帶出我發現的另一種物質：咖啡因。同樣的，這又黑又苦的液體多麼神奇啊！如果說酒精令我放鬆，那麼咖啡就會讓我嗨起來。我可以只睡四個小時就完全清醒地去上課，也可以在應該睡覺的時間徹夜趕論文。真的需要提神時，我還會吃強效咖啡因片，或是喝紅牛能量飲料。

現在回想起當初那些行徑，我就嚇得頭皮發麻——我當時真是個蠢貨！我相信理由很明顯，但還是說清楚為妙。警語一：咖啡因是一種刺激物，會影響中樞神經系統。警語二：咖啡因會提高體內的腎上腺素濃度，基本上就像在火上澆油，一杯還行，五杯就糟了！如果你二十分鐘後身體抖個不停、心臟狂跳，相信我，那正是咖啡因在興風作浪。

### 小提示

酒精和咖啡因本身並沒有不好，我如果說我不愛這兩樣東西，就是個偽君子。要記得的關鍵字是「**適量**」。酒精確實有助於放鬆神經，但過量反而會耗光你的血清素，導致隔天焦慮症狀加劇。

## 考試

據統計，二〇一五年，英國的「兒童教養熱線」接到三萬四千通無法應付考試相關壓力的青少年打來的電話。我很了解他們的感受，要是我唸書的時候，就知道可以打電話求助，我八成也會試試看！

申請大學的那個時代，整個社會輿論唬得我相信進入一所好大學，是天底下最重要的頭等大事。我這麼一個易受影響的敏感孩子，被這件事情刺激得成天胡思亂想，充滿負面念頭。我必須擠進大學、每一科都得爭取出色的成績，然後拿到學位。過程中哪怕只出了一次差錯，我就會畢不了業、找不到工作，最後落得在街頭行乞，爸媽會傷透了心（他們從來沒說過這些——我只是這麼猜想），我會令整個家族蒙羞。我給自己很大的壓力！

除此之外，我還感受到學校督促我變得出類拔萃的壓力。開週會時，校長會對畢業班學生談起至高無上的「成績排名」。我們學校固定排在前五名，校長提醒我們，身為本校的學生，我們有責任「考出好成績，不讓學校失望。」我非常清楚，學校指望我達到我的預測分數，我不想辜負師長的期望，畢竟，學校在某種程度上也是一門生意——只是用語不同罷了；業務員要達到目標，老師也是一樣；業務員希望吸引顧客，學校則希望吸引優秀學生。但我們究竟應該在哪裡劃清兩者的界線？

上了大學，學習成了我從未經歷過的另一種戰場。中學時拚命用功已經夠苦的了，但至少還可以向老師求助，相較之下，我現在得靠自己的力量學習，任何指引都應該來自圖書館的書籍。想像這個畫面：

教授：我們這個學期學了八個主題，期末考的題目與其中兩個主題有關。我建議大家八個主題都徹底複習。

我：您看過考卷了嗎？

教授：當然。

我：您能不能把範圍縮小到四個主題？當然，我不是請您洩題，只不過考試只涵蓋兩個主題，八個主題全都複習似乎沒有太大意義。

教授：我沒想到你會這麼問。任何一個好學生都會非常樂意複習全部八個主題。

糟糕，露出馬腳了！我的想法顯然和好學生不同！說真的，那究竟是我個人的問題，還是整件事情太荒謬了？

除了複習功課以及和論文有關的壓力，我還害怕在個別指導課上開口說話，我不時擔心自己表現像個白痴。真的，我不會使用專業的學術語言，搞不好會提出愚蠢的問題。所以我從來不開口，大部分時間都用來擔心導師會不會向我提問。其實我應該這麼想，「他媽的，我可是付了一大筆學費，所以我想怎麼做就怎麼做，想怎麼說就怎麼說！」不過，像個正常人一樣融入團體的壓力照例打敗了我，社交恐懼症容易在無法包容差異性的環境中滋長。

於是，考試得高分成了我志在必得的目標——那是我的全副生命。我必須證明自己不是白痴，哪怕那表示我得把課本背得滾瓜爛熟！第一個學期末，我雙腿巍巍顫顫地爬樓梯去看成績公布欄（順帶一提，那真是個不錯的點子：我們來公佈每個人的成績給全世界看看，誰需要隱私？）我總是拿到好成績，但恐懼和腎上腺素接連幾天都無法散去。那當然不是什麼新鮮事——我在考完GCSEs（中等教育普通證書）和A-levels（高級程度會考）之後也是那樣。

如果能夠回到過去，我希望給年輕的自己幾句忠告，告訴她這些資格考試在更大格局上的真正意義，幫助她減輕內心的考試焦慮。

- GCSEs：別太擔心，因為成人的世界根本不看這項考試成績。目標定在C就好——這樣就能進入大學。
- levels：這項考試有助於申請大學；僅此而已。所以同樣的，把目標定在你需要的成績就好，就算沒有全部拿A，也沒有什麼大不了。
- 學士學位：這是你該開始稍微認真的時候了——你現在得花自己的錢上學，所以不要胡搞瞎搞。第一年低空飛過還不打緊，但第二年和第三年都很重要。
- 碩士學位：說真的，千萬別自暴自棄——碩士學位貴得很！
- 盡你所能，但別把自己逼到累垮了。視野格局是個重要東西。的確，沒有每科都拿A或許會讓你難為情個一兩天，但一星期後就成為過眼雲煙了。你的健康比自尊心更重要。
- 免責聲明：我不是在鼓勵學生偷懶或推卸學習責任。教育非常重要，我們應當重視。不過，我們也應該看重自己的健康。追根結柢，關鍵在於找到正確的平衡點。

## 小提示——找人傾吐！

- 如果你真的遇到困難，那就安排時間，跟你能信任的老師或教授討論你的問題。也許你沒辦法在課堂上發表簡報？搞不好可以另作安排，又或者，你只是需要找個人傾吐心情。
- 許多大學有特定的支援團體，可以幫助心理健康出問題的學生。在教育界，同儕輔導的風氣已越來越盛，不妨研究一下。

## 臉書與我

大約十八歲那年，我終於開始接納臉書的存在（我有一點點排斥科技產品）。那是我做過最好的一件事，也是最壞的一件事。我跟社群媒體發展出一段愛恨交織的關係，它既美好又醜陋、既自由又壓抑、既能讓人增廣見聞又能把人碾成碎片。

我還記得我在臉書上的第一個個人檔案……充斥著完全不能反映我的真實個性

的資料。一想到我草擬過多少份「個人簡介」，我就超級難為情。在那個年紀，我根本不認識自己！不過從我的個人檔案來看，我跟電視裡的角色沒什麼不同——她並不存在！不過，創造虛構人物的問題是，你無法控制現實世界，也無法干預別人的互動，而這搞不好會讓你辛辛苦苦編織出的一切化為烏有。

我漸漸走火入魔地執著於我的「線上形象」。照片被好友標記是最大的夢魘。我對自己的長相很沒安全感，照片是引發痛苦的一大導火線。我無法控制我的模樣，因此容易被別人的相機挾持。只要一出現「有人在六張照片標記你為好友」的通知，我的心就會瞬間沉到谷底，我急切地點開照片查看任何不良影響，取消每一張難看照片的標籤。

事情的源頭是我對「完美」的糾結，而這自然也適用於我的外表。我希望看起來像綺拉．奈特莉、凱特．摩斯或柔伊．黛絲香奈（Zooey Deschanel）……而不是我自己！不過平心而論，這些女人其實也不存在——全都是修圖創造出來的完美幻影。

## 社群媒體

現在這個時代，如果你沒有社群媒體帳號，那麼技術上你並不存在。臉書、推特、Instagram、Snapchat、Pinterest——各種選擇五花八門，視你探聽消息的需要與條件而定。想想看：你多常上領英（LinkedIn）研究你未來的頂頭上司？（當我發現這項功能不能匿名時，我差點崩潰！）上臉書偷窺最新的暗戀對象，也是司空見慣的事。另外，你在推特上認識的新朋友有幾個粉絲？

不過，正如生活中許多事情，任何一扇門背後都有黑暗面。你真的想知道你的前男友其實沒死（不是你原先希望的那樣），而是在跟一名超級名模交往？或是公司的同事相約上酒吧，卻沒邀請你？問題是，你根本不知道事情的前因後果。然而，如果不承認你在偷窺某人，你不可能得到寶貴的背景訊息。於是，你自然而然假設前男友過著完美的生活，而你的同事都很討厭你。還有什麼比這更能引發焦慮？

我曾經花上一整夜思索，為什麼我的一位老同事跟主管一起去酒吧消遣，卻沒有邀請我。結果後來我才知道，他們只是碰巧出現在同一個地方，而我的同事順手更新了她的狀態，因而引發我的誤會。總之，我就這樣傻傻地煩惱了好幾個鐘頭，擔心主管是不是不喜歡我？我是不是很無趣？我會不會因為無趣而被炒魷魚？有時候，無知確實是一種幸福。

噢，千萬別讓我開始撻伐社群媒體鼓吹的人氣競賽，推特的戰況尤其慘烈。你有多少粉絲？我以為一旦圈粉一千個人，我就心滿意足了——結果我還想要更多。還有，如果說他們脫粉時我不難受、不覺得遭到拒絕，那就是在撒謊。他們怎麼能「取消關注」我？我做錯了什麼？我以為我風趣得要死！

Instagram這種社群媒體最容易讓人覺得自己很醜，或者生活有所欠缺。儘管我很喜歡那些美妝部落客，但我不需要一天到晚看她們把成堆的免費贈品漂漂亮亮陳列在灑滿鮮花的橡木地板上，還採用復古的濾鏡效果！

再說，我們什麼時候開始不再對著鏡頭微笑了？說真的，那是什麼時候開始的事？我偶爾發現自己對著鏡頭「擺姿勢」，心裡想著「見鬼了，又不是在走紅毯，只不過是在跟幾個朋友玩鬧罷了！」以下是我對使用社群媒體的一般性建議：

✗ 如果你星期五或星期六晚上一個人待在家，心情很低落，千萬別刷臉書。幹嘛那樣對待自己？我通常會把手機留在另一個房間。

✗ 如果你掉了一個推特粉絲，恐怕只是因為他們「沒那麼喜歡你」——所以往前看，繼續過你的日子吧。

✗ 把你的臉書設定為「不公開」（這還用說嗎？）你可不想讓新老闆看到鋼管舞之夜的照片。

✗ 不要點開前男友的個人檔案，尤其當你喝醉或孤單的時候，不如去看一場迪士尼電影（我們都知道你肯定不會聽勸）。做好最壞的打算，記住這句話：「你不知道事情的前因後果！」他摟著的那個賤貨，說不定只是他的親戚……可能性不大，但還是有一絲可能！

✗ 永遠別拍裸照……這點沒得商量。相信我，它們最後總會流傳到網路上。

## 應付情緒傷痕

我無法改變過去，所以我盡量不浪費時間回想那段歲月。不過，我確實偶爾會納悶，教育者是否明白他們會對孩子的生命造成多大的影響。每個孩子都不一樣，做不一樣的處理是應該的（除非他們在課堂上吸毒），而不是受到質疑和批評，對吧？研究顯示，學校已開始認真地看待兒童心理健康。我絕對理解老師的難處，做不完的事、來自督察的壓力、家長座談會，現在還得找時間應付學生的心理健康問題……那不是個輕鬆的工作，而他們只能仰賴學校提供的有限資源。說不定是我過於敏感了？我相信許多大人都曾有一段不堪回首的學生歲月，後來努力擺脫過去，把不好的記憶拋到腦後。遺憾的是，並非每個人天生都有能力如此灑脫。中學生活是我的引爆點，任何能讓我聯想到學校的環境，都會立刻觸發我的焦慮。

### 小提示

✗ 如果你以前受過傷，請試著揭開傷疤。我們往往會花很多時間努力忽視痛苦，然而有時候，釋放痛苦才是最好的療傷辦法。

✘ 你可以私底下向某個朋友或家人傾訴。挖出記憶庫中的痛苦經驗，用冷靜超脫的眼光重新檢視。

念頭會自動引發情緒反應。舉例來說，一想起數學課，我就覺得既丟臉又悲哀，因為當時我是個「失敗者兼怪胎」。至少，我的大腦選擇了這樣的記憶。這就是記憶的問題所在——它有可能失之偏頗。所以我迫不及待轉移心思，想想別的事情；不過，這或許可以讓我暫時忘卻痛苦，卻沒有解決記憶的根源。

## 接受與放下的練習

有一天，我突然想起過往在學校發生的某一幕令人悲傷的畫面，我一五一十地寫下我的念頭，包括那時誰說了什麼、帶給我什麼感受，以及其他人如何反應。我採用認知行為療法中的意念圖技巧。（這項練習頗為冗長，請耐心聽下去！）

### ・回想場景

那是上午十點多的一堂數學課，我凝望窗外，做著白日夢。突然間，我聽到有人在大聲喊我的名字。

史密斯老師：克萊兒！

（我轉頭望向講台，整個人嚇傻了）

史密斯老師：又在做白日夢了。來吧，答案是什麼？

我（開始臉紅）：老師，對不起，我沒聽到問題。

史密斯老師：站起來！（她吼著）立刻給我站起來！

（我臉更紅了，開始顫抖，慢慢站起來。）

某個同學：看哪，她的臉好紅！

（其他同學哄堂大笑）

史密斯老師：我們都等著呢。說吧，答案是什麼？

我：老師，對不起，我不知……

史密斯老師：你沒聽到問題。老實說，克萊兒，我有時在想，你這麼愛做白日夢，是不是因為你是個煩人精！

（全班同學笑得更大聲）

史密斯老師：坐下，你這個蠢女孩。

我低頭盯著課本，感覺滾燙的淚水灼燒著我的雙眼。坐在旁邊的麗莎問我還好嗎，我只能點點頭，說不出話來。我真的很喜歡的那個男孩也在班上，我再也沒辦法開口跟他說話。

**• 走進記憶**

我現在對這一幕有什麼感覺？

✗ 感受：「受盡羞辱、原形畢露、可悲。」

✗ 念頭：「那一幕證明了我從以前到現在，從來就不是個正常人。我注定成為一個沒辦法正常社交的邊緣人。我不知道自己幹嘛浪費時間去處理我的焦慮，因為焦慮顯然刻在我的骨子裡。我就是個怪胎。」

我想大家都認同，這顯然是一樁滿載情緒的記憶——十五年前，一次為時六十秒的互動，依然緊緊纏住我的大腦不放。做這項練習時，我給自己整整兩分鐘的時間徹底走進記憶，讓種種情緒一湧而上。那並不愉快，卻令我感到解脫。與其和情緒對抗，我終於接納了它們。

## ・駁斥負面想法

接著，我找出我的思維謬誤，駁斥負面想法：

「那一幕證明我從以前到現在，從來不是個正常人。」這是典型「非黑即白」的極端思維。話說回來，「正常人」的定義究竟是什麼？我沒幹犯法的事，我有個快樂家庭、一份好工作和很多朋友。我哪裡不正常了？

「我不知道自己幹嘛浪費時間應付我的焦慮，因為焦慮顯然刻在我的骨子裡。我就是個怪胎。」或許，我太習慣把事情攬到自己身上了。的確，那一幕確實很丟臉，史密斯老師也確實不該用那種方式對我說話。但當時她也許累了，或者心情不好，一不小心把氣出在我身上。那無法證明我是個怪胎。我只不過倒楣罷了。事後有很多朋友來安慰我，他們都認為我是受害者。不論過去或現在，那起事件無法證明我是個怎樣的人。那天純粹就是個倒楣的日子。

正如我所說，這項練習聽起來有點冗長，但是只要抓到訣竅，做起來其實很簡單。我花了將近兩個小時寫下中學時期發生的種種惡夢。我寫下我曾被取過的殘忍綽號、被朋友背叛的經驗，以及老師對我的不公平責罰。我寫下每一件事情，再度感受那份痛苦，因為那是我欠那個女孩的；然後我關起門來大聲說：「他媽的，我現在脫胎換骨了，我接受我自己。」簡直和驅魔的過程無異。感受痛苦、接受它、欣賞它，然後放下它。

所以，如果有時間，你何不試試看這個做法？認真想想那些滿載情緒的回憶，試著去探索它們。記得這五個步驟：

1. 寫下記憶中的一幕，鉅細靡遺。
2. 你感覺如何？哪些念頭跳進了你的腦海？

3. 好好感受兩分鐘。
4. 透過認知行為療法的練習技巧找出關鍵的念頭，並加以駁斥。
5. 放下它。（有用的話，不妨聽聽《風雪奇緣》主題曲。）

# 第四章 危機就是轉機

現今這個社會，年輕上班族背負著年紀輕輕就得功成名就的巨大壓力。看看當前的社會偶像就知道了：卡戴珊姊妹（the Kardashians）、《切爾西製造》（Made in Chelsea）和《澤西海灘》（Jersey Shore）之類真人實境秀的明星，甚至是佐拉（Zoella）和妲薇・蓋文森（Tavi Gevinson）等人氣美妝時尚部落客——蓋文森以十二歲之齡在時尚圈嶄露頭角……而我那個年紀還在閱讀羅德・道爾❸、看看我的嘴裡到底能塞進幾顆麥提莎巧克力球！

❸ 譯注：Roald Dahl，英國著名兒童文學作家。

我們很少思索自己想要什麼，以及什麼能讓我們快樂，而是時時刻刻專注於我們「應該」做什麼。我為自己設立了數不清的目標和期限，終於把自己逼到精神崩潰的地步。我總是不由自主地害怕變得平庸。我從不認為自己比別人優秀，但我希望自己這一生能「做些什麼」，拿出一點成績。「成功」對我極其重要，雖然我從不曾停下來問問為什麼。我大部分的時間都埋首書堆，注定成為一個愛作夢的人。我也很容易覺得無聊，所以總在尋找新的方法來刺激大腦。

青少年時期，我很快領悟到，按照當代文化的標準，我既不漂亮也不富裕，更沒有足以登上《X音素》（The X Factor）舞台的音樂天賦，所以我得仰賴我的腦袋來出人頭地。我並不是不眷戀家鄉的一切——我到現在還會想家——我只是知道自己想追求不一樣的生活。我會對自己感到挫敗。我為什麼就是無法安於現狀？為什麼永遠不滿足？這個問題，等我搞清楚原因再告訴你。

若說我為追求成功制定了一套高強度計畫，這種說法簡直是輕描淡寫，不足以反映現實。我是個完美主義者，而且執迷不悟！老師們常常說我「認真過了頭」——他們根本他媽的搞不清楚是怎麼一回事！

事情大概是從我十四歲那年開始。我不滿意自己的長相，也不怎麼有個性，學業成績或各方面毫無突出之處。不過當時，我們被灌輸了「只要夠努力，你可以達成任何目標」的觀念。我還記得讀到一位作家兼勵志演說家吉姆．羅恩（Jim Rohn）的一段話：「如果你真心想做一件事，一定能找到方法。」我現在對這句話有什麼看法就很難說了。這句話所說的，難道包括變得比小賈斯汀更有名，或者成為下一個中國皇帝？不過青少年時期，這個概念成了鞭策我的最大力量。

從小學、中學一路到大學，我始終給自己很大的壓力，我得向自己和全世界證明我不是個失敗者、我可以成功！事實證明，要對自己感到滿意，是一件幾乎不可能達成的任務（我還在努力中）。

## 取得碩士學位

我在攻讀出版碩士期間，同時做著一份令我深惡痛絕的全職工作。我在城裡的一家律師事務所擔任前台接待員；那裡的工作環境烏煙瘴氣，川流不息的憤怒西裝客成天對我吆喝咆哮。

許多方面而言，那份工作有如學校的延伸，因為我所受到的謾罵同樣惡劣。「克萊兒，我他媽的車鑰匙跑哪裡去了？」一名西裝客對我大吼大叫。我就像一隻掉進腳踏式垃圾桶的松鼠，在辦公室裡東奔西竄，尋找那該死的鑰匙。十分鐘後，他一派輕鬆地拿著鑰匙出現——他把鑰匙留在廁所裡了。不過這工作薪水很好，我得靠它供我上學。而且，辦公室裡有一台特別高檔的咖啡機，我們偶爾還有免費三明治可以吃！所以我繼續面帶微笑，每天準時上班。他們打不倒我的（我終究會自己打敗自己）。

整個碩士班只有我一個人一邊讀書一邊打工。繁重的工作，意味著除了上班時間，我的每個晚上和週末都在趕論文。回頭想想，這麼過日子實在太荒謬了——我真不該半工半讀。不過我是個急性子，毫無耐性，我總希望東西昨天就到手，不論得付出多大的代價。

我利用暑假完成實習。沒錯，校園生涯中沒有屬於我的陽光假期！這句話不帶一絲優越感或自豪。回顧往事，我覺得我是白痴！什麼樣的瘋子會把自己逼到這種程度？究竟有什麼意義？這段期間，我跟交往四年的男友分手了。那是我的初戀。他組了一個樂團，他們肯定會一炮而紅。（媽呀，他們其實爛透了。不過他們表演時，我可以進入後台，那讓我覺得很酷……即便表演場地不過是地方上的青年中心！）我們分手是因為他劈腿——兩次。我說不定早該結束這段關係。我打從心底知道他不適合我，但我總是忽視內心的聲音。

你瞧，哺乳類腦佔上風的時候，往往有些冥頑不靈。我還記得我們終於分手的那一夜。那是凌晨四點，我恰好下樓喝水。我看看手機，從臉書頁面上發現他惡習不改，再次出軌，所以毅然決然把他踢出了我的生活。兩星期後，他醉醺醺地爬上屋頂，帶著我猜從我們院子裡摘的鮮花，想要挽回我的心（這招當然沒效）。

到了必須繳交畢業論文之際，我掉了好幾公斤，整個人看起來病入膏肓。論文截止日的前夕，我踉踉蹌蹌走進爸媽的臥室宣布：「如果你們不幫我，我會一頭砸進該死的電腦螢幕。」隔天，我爸不得不請假開車載我去學校。我已經四十八小時沒睡覺，腦袋根本無法運轉，更別提開車了！

後來我得了重感冒，在床上躺了一星期。交了畢業論文後，大多數人會出門大肆慶祝。我記得自己爬回床上，從頭到腳抖個不停，全身都在震動。我的精神完全崩潰，昏昏欲睡，心情非常低落，這是我第一次把自己逼過頭了。那是一次教訓——我真希望自己當時能學到這寶貴的一課。不過在身心健康問題上，我一向不太擅長記取教訓。

大約這個時候，我的雙手出現了良性顫抖症。一開始，我以為疾病的根源是飢餓或者咖啡因過量，但手抖的症狀似乎從來沒停過。我無法確切證明，但我猜想，那是我在碩士班期間燒壞神經系統留下的後遺症。我到今天還會手抖——這是我得與之共存的一個毛病。千萬別叫我替你倒酒，除非你希望酒水灑到你的腿上！事後想想，我現在明白那是因為我的身體製造出太多的皮質醇，需要把它「燃燒」掉。（欸，我真不知道還有什麼比這更性感的字眼！）人在感受壓力時會分泌腎上腺素，同樣的，皮質醇濃度也會升高。

芳恩．韓森（Fawn Hansen）在她的網站探討「腎上腺疲勞」，她用「神智清醒卻筋疲力盡」來形容那種感受，完美地總結了我在恐慌症發作或非常焦慮時的經驗。長久以來，我一直不理解自己遭遇的狀況，遲遲無法用言語解釋清楚。我怎麼能同時既亢奮又疲憊？呃，那是因為皮質醇需要靠身體的脫氫異雄固酮（DHEA）來消耗。我會盡量少說醫學術語，總而言之，DHEA是人體的性荷爾蒙，對女性來說是雌激素，對男性來說則是雄性激素。身體若要正常健康的運作，DHEA不可或缺，它能幫助我們維持穩定的情緒與活力，提升免疫力。皮質醇濃度太高，除了會消耗血清素，也同樣會消耗掉DHEA。

然而你大可以說，凡此種種壓力終究得到了回報，因為我在倫敦找到一份重要工作。我還記得當時跟人事部的對話。我當時正在超市買花，準備送給我最好的朋友。

出版社人事部：喂，克萊兒，我打這通電話，是想跟你談談上週二的面試。

我：沒問題，太好了。（心想：有話快說，小姐，又不是在參加有獎問答益智節目。）

出版社人事部：你覺得自己的表現怎樣？

（我心想：拜託爽快一點，直接告訴我吧！）：呃，但願我表現得還不錯。

出版社人事部：哎呀，我很高興能告訴你，我們想給你一份工作。

之後的事情有些模糊。我只知道我想擁抱在熟食部賣披薩的那位女士，但是她抵死不從。總之，這是我這輩子遇到過最好的事情，我終於幹了一件正經事，一件能夠證明自己的事。最重要的，這證明我打敗了焦慮。既然我已實現目標，焦慮想必就此一去不返？我看過電影：我會搬到新的地方，成為一個全新的人，一個更好的自己。我會購置新的行頭，像一隻蛻變的蝴蝶。我會遠離痛苦的青春，把它拋到腦後。逃離問題向來奏效，對吧？

四個星期後，我搬到倫敦，住進與另外兩個女孩合租的房子。事情本來好好的，直到媽媽跟我擁抱道別，我突然像肚子挨了一拳似的被現實驚醒。我剛剛離開家了。該死。我到底如何自己一個人活下去？新室友和一瓶香檳幫助我度過第一夜。室友對我很好，不過話說回來，她們也很難忽視那個在屋子裡踱來踱去、嗚咽著對自己說「天哪，你幹了什麼好事？你真他媽的神經病！」的女孩？

博爾頓——十三萬九千人口。倫敦——八百五十萬人口。說真的，兩者能有什麼不同？呃，除了交通、生活步調、人情味、城市規模和物價水準，其他都好說。我永遠忘不掉我剛發現每週通勤費用時的第一反應（我不打算一一列舉的一連串國罵）。

不過，我正在實現夢想。拜託，我做的可是我「夢想」中的工作，而且出版社的辦公室就坐落在河岸街上——那裡堪比大富翁遊戲中的紅色地段！這就叫格調！老家的每一個人都深深以我為榮，除了剛搬到新城市的無所適從，我過得精神抖擻、活力十足。正如我在前言提到的，我每天早上喝一杯高檔咖啡，甚至一度開始買《金融時報》（冏……我一個字都看不懂），但我樂得在午餐時間裝模作樣地看報紙，像個成年人一樣！

工作的第一個月快速飛逝。大家看起來都很友善，我也勝任愉快，毫無問題。做為一名愛書人，我就像進了糖果店的小孩！有那麼多新書可以讀。令我如釋重負的是，我的直屬上司人也很棒，我從未在職場上遇到這麼有耐心、這麼挺部屬的人。她完全不介意我那古怪的幽默感，這是意外的驚喜。除了跟我同時入職的女孩，我還沒有真的交上什麼朋友，不過時間想必能解決一切。

故事快轉五個月，事情開始出現變化。我發現辦公室有好幾個派系，彼此激烈鬥爭。在一場活動上，一位高階主管醉醺醺地告訴我：「如果你想在這地方往上爬，就得出出風頭，讓別人聽見你的聲音。」聽起來很合理；如果你的能見度太低，就無法讓人聽見你的聲音。可惜，我的團隊能跟公司高層接觸、甚至打交道的機會並不多，沒有人幫忙引薦，因為……呃，跟我們打好關係並非什麼重要的事。在晉升之路上，我的團隊給不了我任何幫助，我也沒有機會直接接觸作者。平心而論，我可以理解這種困境。

看來，往上爬的唯一辦法，就是積極參與社交活動。所謂積極，指的是鼓起勇氣闖進一大群人中間介紹自己，而不害怕遭到拒絕。另一個方法是，不錯過任何一場活動，成為最後一個喝趴的人。在公司裡，幾個團隊的主管通常待到很晚，所以這是讓人知道你「很會玩」的好辦法。我這麼玩了兩次，第二次，我喝茫到拿起一名主管的菸來抽（她甚至沒遞菸給我，我逕自伸手，覺得這樣很酷。另外，我根本不會抽菸！）要是沒有突然嗆得狂咳，我大概不會穿幫。

活動結束之後，我試著找一名計程車司機載我回北倫敦。他當然拒載。隔天，我趴在樓梯上醒來，除了不知怎麼跑進洗碗槽裡的鞋子之外，我全身穿戴整齊，一絲不苟。宿醉令我難過得想死！再多的培根和含糖飲料都治不好我！

對我而言，這種工作方式十分陌生。突然間，我再也不能光靠自己的腦袋努力，還得使出人格魅力。遺憾的是……我有社交恐懼症，而且如果隔天上午九點得上班，我也沒有體力三不五時應酬熬夜到凌晨三點。酒精會影響我的血清素濃度（我當時還不明白這一點），我沒辦法帶著宿醉和緊張情緒好好工作。

依照我的典型作風，我把無法成功拓展人脈完全怪罪到自己頭上。我肯定有什麼地方不對勁。我就是問題所在。我是個怪胎，寡言木訥又沉悶乏味，當然打不進主流社交圈。學生時代受到的心理打擊，有如潮水般一股腦地湧上心頭。

對自我的剖析從小地方開始。我改掉北方腔調，學習其他人的口音，並且努力保持笑容。不過不到幾星期，我開始在腦中回放我在會議上或者與人偶遇時的對話，把自己批評得體無完膚。我會審視每一件事情、每一句話、臉上表情，甚至說話的語氣……沒有什麼躲得過我的抨擊。

儘管如此，我打定主意堅持下去，絕不讓我的焦慮症捲土重來（我哪裡知道它根本從未離開）。我採取正面對抗，我讀了很多關於建立自信和發展人脈的書。我肯定能學著跟周遭的人一樣吧？我可以強迫自己（因為那樣很健康）。首先，我需要一套計畫——一套能讓我集中注意力去實踐的計畫。我對電子書很感興趣；我的碩士論文就是以電子書為主題。所以我想，進入電子部門應該是很棒的下一步。

那陣子，我突然鬼迷心竅般地執著於工作上的升遷，不再抱著順其自然的態度。我拿出當初追求學位的狠勁，拼命追求升職，久而久之那逐漸成了我的執念。我不放過每一筆最新的電子新聞、學會說行話，並且把每一篇當紅的熱門文章讀到爛熟於胸。

一個月後，我得到一個機會向當時的總監毛遂自薦。我做足了功課，然後在派對中接近他。我盡最大的努力展現自信、炫耀我的資歷，我認為事情進行得很順利。然而，我的話才說到一半，他忽然唐突地打斷我，說：「哇，這番話真性感，克萊兒。我猜你一定沒有男朋友。」他撇下這句話後隨即走開，留下一群人尷尬地笑著。比較堅強的人或許會一笑置之，不把他的評語看得太認真，但我當場面紅耳赤，偷偷溜進廁所大哭，我覺得嚴重受辱。這起事件再次證明我的確是個格格不入的怪咖。

事後想想，我當時太過勉強自己，而且抱著不切實際的期望。我為了那位總監的回應而感到羞愧不已，並且無情地批判自己，而沒有為自己付出了努力而感到欣慰。我應該為自己驕傲的——我走出了舒適圈；這是一件很勇敢的事。但當時我只感受到負面情緒。幾次碰壁之後，我陷入絕望與憎恨之中。我討厭周遭每一個人，退縮回自己的世界。

## 面試門

後來，我看見公司的另一個部門有個工作機會，於是想方設法申請，沒想到竟收到面試通知！就這樣，我做了每一個好勝的年輕人都會做的事。我列出對方可能提出的每一道問題，像舞台劇演員似地演練每一個答案，總共練習了三十三題！我不僅得面對面試本身的壓力，還得應付背誦三十三個冗長答案的壓力。如果背錯了一個句子，我會從頭開始——不容妥協，絕不將就。現在想想不禁不寒而慄，那不是真正的我；我強迫自己成為對方想要的人。和求學時代一樣，我成了一個完成任務的機器人，強迫自己必須更加努力，必須完美。我接連幾天清晨五點起床練習。紅色警訊！

面試前夕，我開始察覺到一些非常奇怪而且不舒服的感受。我以前也曾心悸，但這次不同。我心神恍惚、飄移不定，但肢體卻非常沉重。每次試著為面試做準備，我就一陣口乾舌燥，胃糾結成一團。強烈的恐懼感開始從心底深處升起，我知道我不應該攪動那潭深水。我喚醒了一頭野獸。

睡了不到五小時，我步履蹣跚地出門上班。當我全身僵硬地坐上地鐵時，感受到一種既沉重又暈眩的強烈對比。我不由得害怕起來，但我硬撐著，強迫自己忽略這份感受。「你只需要撐過面試就好」。到了公司，原本彷彿打結的胃現開始出現相反的情況，換句話說，我猜我可能不小心拉肚子弄髒褲子了……真不是個好開始！接下來兩小時，我跑了很多趟廁所。為了安撫情緒，我運用我的大智慧，決定幹掉一小瓶伏特加——說真的，沒有什麼比這更蠢的主意了！除非我決定先來一場高空彈跳，或者拿手榴彈玩雜耍。

面試的時刻到了，我走向人事部會議室。我希望我能穩穩地走出直線，但誰曉得呢？我走動時，眼前彌漫一片奇特的濃霧——灰色的霧氣，偶有星星點點的閃光。到了此時，大多數人或許會承認事情沒指望了，但我偏不。我喜歡否認的世界——我一輩子都活在否認的世界！我提早五分鐘抵達，主考官有事耽擱了（太棒了）。於是我坐在會議室裡，客氣地喝著水。事實上，我咕嚕兩口就灌下一整杯水。「你可以的，鎮定一點，不會有問題！」我告訴自己。

然後事情就發生了……來得又快又急。就像絆到腳或滾下樓梯，我可以預見事情即將發生，卻完全無能為力。腦中出現一種感覺……我只能用一股暖流來形容，我現在知道了，那是突然湧出的大量腎上腺素。它順著手臂而下，瀰漫整個胸膛，一流到心臟，所有事情就「炸裂」了。我的心臟開始狂跳，聲音震耳欲聾。我喘不過氣，全身冒汗，四肢沉重得抬不起來。我這輩子從沒這麼害怕過。諸位看倌，這就是我第一次正式的恐慌症發作。當下的影響顯而易見。我再也不在乎這次面試或我的工作了。我什麼都不在乎。我只知道我需要立刻離開那個房間。

我猛然拉開玻璃門，迎面撞上人事助理和面試主考官（後者好死不死選擇這個時候出現）。「我感染了諾羅病毒，必須立時離開！」我對著他們一陣大吼。不騙你，我說話的語氣儼然是珍．奧斯汀筆下的人物。所以即便我尿濕褲子，你也不能說我沒有格調。

這麼說吧，事件過後，我很快離開了那棟大樓（事實上，我不久後就搬離倫敦，回家和爸媽住。）我還哭了……哭得很凶。「你終於搞砸了，」我心想，「你毀了你的一生」。我還可以補充許多細節，不過長話短說，當時，我跟我現任的、非常深情的男友丹住在一起。

那天晚上，我在客廳跑來跑去，又哭又叫。我撥打了國民保健署的直撥專線，聲稱我「他媽的瘋了」，需要他們趕緊派救護車過來。他們沒有。接線員克雷格建議我泡個熱水澡。我誠懇地叫他滾一邊去，「派救護車過來！」他們還是沒有。此時，我開始在地上打滾，因為那似乎是個好主意。丹嚇壞了——這個可憐的傢伙從來沒見過這種場面。最後，我們找到耶誕節剩下的一瓶香檳。夜深了，那是公寓裡僅剩的一瓶酒。於是我灌下一整瓶溫熱的香檳，直到睡著。噢，我崩潰的那天恰好是我爸的生日。我這人做什麼都要做到極致。

## 尋求幫助

回到爸媽家後，我知道我得看醫生，但我不想去。要把我腦子裡那些亂七八糟的東西說清楚講明白，似乎是件不可能的事。我並不期望這種事情被人認真看待。不過，在媽媽的幾番溫和鼓勵後（她幫我預約，拽著我進診所），我終於去了。

我不會謊稱那是一次美好的經驗，醫生輕撫我的秀髮，告訴我一切都會沒事，然後敲敲她的魔法棒，我從此不藥而癒。事實上，情況恰恰相反。她的態度冷靜客觀，簡直跟機器人一樣一板一眼。最難忘的一刻是我一邊描述著被恐慌襲擊的感受，一邊哭得像個孩子。停頓半晌後，她只問我：「你試過喝菊花茶嗎？」「小姐，你他媽的是在開玩笑嗎？我快難受死了，我不認為花草茶能解決我的問題！」我覺得她根本搞不清楚狀況，這讓我非常氣餒。

雖然開頭不順，但這次看診其實是一次改變生命的經驗。醫生簽了我的停職申請單、替我開了藥，我第一次得到專業的診斷，證明我並非只是在「胡思亂想」，我確實生病了。雖然我有許多不愉快的經驗，但我想藉此機會替一般的家醫科醫生說說話。要給他們貼上冰冷無情的標籤很容易；我知道我一開始就這麼做了。但是，他們分給每個患者的時間平均只有十分鐘。他們的職責是解決問題，而不是為你奉茶、獻上同情（雖然他們顯然可能建議你去喝花草茶）。所以，如果他們缺乏同情心，不要因此失望洩氣，那不表示他們不想幫忙。換個方式想想：修車工人不會同情壞掉的車子——他們只顧著修車。我絕對認為這一方面有改進的空間，因為心理疾患需要一定程度的理解，那些不愉快的醫療經驗，或許會阻礙患者尋求進一步的協助。

我記得有一次錯過預約時間，因為當時我高度焦慮，無法勉強自己搭乘公共交通工具。我打電話到診所請假，結果他們告訴我：「克萊兒，你如果想得到幫助，真的需要再努力一點。」一見你他媽的大頭鬼！你是認真的嗎？我兩度跨出家門卻又折返，因為我的恐慌症發作了。「再努力一點？」你能想像對一個半身癱瘓的人這麼說嗎？「自己走進診所，不要靠輪椅，否則我們就不幫你。」要我說，那才真是神經病會說的話。不過，儘管我很希望有醫生能安慰我的心靈（我相信肯定有醫生為病患提供這種服務），我更希望他們能為我解決問題。

那天晚上，我決定上Google搜尋「社交恐懼症」（並且等著看「怪胎」這類字眼跳上螢幕），沒料到出現一個幫助我就此踏上復原之路的網站：英國焦慮症協會。網站的內容令我大為震驚，激動不已。原來我不是這個世界上唯一的瘋子——像我一樣的有一大群人，一支壯觀的大軍！

如果你被診斷或懷疑自己有焦慮問題，我們能提供支援與協助。我們可以幫助你應付特定的恐懼症，例如害怕蜘蛛、臉紅、嘔吐、獨處、公開演說，或者懼高——任何會阻礙你好好生活的恐懼症。（英國焦慮症協會，二〇一五年）

這世上真的有人能體會這種事情？我簡直不敢相信！如今，你可以透過網路找到許許多多心理健康慈善機構，真好；然而四年前，我對這一切一無所知。我第一次說出我有社交恐懼症，對象竟然是英國焦慮症協會的接線員。一說出口，我的淚水立刻潰堤，不是因為羞愧，而是因為終於說出實話，心裡就像一顆大石頭落了地。

## 康復

好好休息幾個星期整理自己之後，我準備好踏上復原之路。

### 第一步：吐露實情

多年來，我隱瞞自己的病情，因為我覺得丟臉。原諒我反覆說著同樣的話，但你會因為摔斷腿而覺得丟臉嗎？（當然，如果是因為迷上某種生猛性愛遊戲而摔斷了腿就另當別論。）不，說真的，你會感到難堪嗎？我才不信。那麼，焦慮又有什麼不同？說來容易，我知道，但我覺得這點有必要說清楚講明白。如果我斷了一根骨頭，我會昭告天下，然後盡速就醫。不能只因為你看不見一道創傷，就以為它並不存在。誠實說出自身的狀況並不容易，而且肯定沒辦法自然而然說出來。不過，這是復原道路上的重要一步。說出來之後，我覺得彷彿卸下了肩上的重擔，我不再需要保守這個可怕的秘密。

那麼，你該如何「吐實」？首先，你需要挑選傾吐的對象。選擇你信任的人，例如你的伴侶、親密的朋友或家人。如果你還沒準備好告訴認識的人，何不打電話給某個慈善機構？英國焦慮症協會、心理基金會和撒馬利亞會全都提供保密的電話服務。擔心不知道該怎麼說？很簡單：「我得了社交恐懼症，只是想找個人傾訴。」剩下的事就交給他們。

如果你選擇當面對某個人傾訴，我能給的最佳建議就是：好好想一想可以怎麼條理化的表達，差不多就像在準備一場迷你簡報（不嚇人的那種）。

- ✘ 對你的傾訴對象多一點耐心，請記得：他們或許無法理解你所經歷的事，但他們會聆聽。
- ✘ 選擇適當時機——例如，別選在他們看電視的時候或在派對上說！開車旅行是聊天的好時機，甚至你可以安排在客廳討論。聽起來有點矯情，但是傾訴真相時不受到任何干擾是很重要的。

✘ 告訴他們焦慮對你的身心造成了什麼樣的影響。你可以列舉腦海中蹦出的一些負面念頭，跟他們分享。。

✘ 給他們發問的機會；好奇是人之常情。

## 第二步：在職場上保持誠實

✘ 誠實告知雇主是件可喜的事，但不見得是個好主意，你得視情況而為之。如果無法告訴團隊裡的高級主管，不妨向某個親近的同事吐露秘密。職場上有人「知道實情」的感覺很好。

✘ 如果你打算告訴主管，最好事先透過電子郵件給他們一點心理準備。

✘ 如果剛開始一份新工作，保險起見，等到試用期過後再說出你的情況。但願是我多慮了，但過了試用期，你會擁有更大的工作保障。

✘ 根據二〇一〇年英國通過的《平等法案》，焦慮症是一種正式的精神疾病，必須認真看待。然而，如果你無法對主管說出口，不妨安排與人事部的人員會談——員工的健康幸福是他們的職責之一。

- ✗ 事先準備講稿，想清楚自己打算說的話。向他們保證你的表現不會受影響，但你不妨以「染上病毒」打比方，說明偶爾需要他們多給一點耐心。鼓勵他們提出問題。
- ✗ 請記得，每年只能請幾天沒有醫生證明的病假（英國的規定是七天）。
- ✗ 歧視是真實存在的現象——如果你想談談某起事件，可以聯絡「是時候改變」（Time to Change）團隊。這個慈善機構的宗旨是終結心理疾病患者所受的恥辱與歧視，更多資訊可參考www.time-to-change.org.uk。

你不需要為自己感到羞愧（當然，除非你是希特勒——他可以滾一邊去）。

**第三步：繼續前進並聽從你的身體**

我只休了一個月的假，感覺卻像過了一個世紀那麼久，重回工作崗位令我緊張極了。不過，同事們給予的支持讓我受寵若驚，尤其是我的主管。我們開始每星期一次聊聊我的狀況。

我必須接受現實，恢復健康之前，我的事業必須退居次要地位。沒必要著急。我的身體前一年受到重創，還需要一段時間才能完全恢復體能。我總共花了九個月的時間復原，聽起來很漫長，但我真心想把事情做對。

說到事業生涯，我認為有目標很棒，但別讓追求目標成了佔據全副身心的執念。請記得，大腦一旦承受太多就會當機；這是我在崩潰之後終於學到的重要一課。我也明白了，儘管面對外在壓力和憂慮，你仍然可以照自己的方式生活，成為真實的自己。我最終確實走出來了，而且是用我自己覺得舒服的方式恢復健康。

# 第五章 公共場合的陷阱

在這一章，我將探討社交恐懼症的問題核心：社交活動！正是這些場合與互動令我們如此侷促不安。社交恐懼症是天底下最煞風景的東西——它扭曲了原本應該愉快有趣的事情。但其實並不一定得這樣。只要遵照本章介紹的策略與練習，或是依不同的情況稍加調整，你就能夠對抗社交恐懼症，不僅能夠接受社交活動，更能夠樂在其中。人生苦短，別再受恐懼奴役。

## 派對奧客

「我這個週末要開個派對，你應該來玩玩。」——這句話保證讓每一個社交恐懼症患者嚇得魂飛魄散。其他咒語包括：「下班後要不要一起喝一杯？」或者「你能參加今晚的活動嗎？」一陣驚恐之後，蝴蝶以及飢餓的食人魚在胃裡撲騰翻飛。負面思維的惡性循環漸漸成形，大抵像以下這樣：

「天啊，我不想去，有什麼方法可以推辭？」

「不，我其實應該要去，不然會被人說我這個人性格乏味或古怪。」

「但是，要是場面尷尬，而我想不出任何話題，該怎麼辦？」

「別胡思亂想了——不會有事的。」

「噢，天啊，我真不想去。」

「欸，你應該去！」

「但是我沒辦法！」

整件事成了腦中兩個陣營的論戰。

我得澄清一點：我不是一個偏愛遺世獨立的隱居者！社交恐懼症患者可能被人誤認為「孤僻的老姑婆」或「宅男宅女」，是那種會在黑燈瞎火中沒日沒夜的追劇，或是喝得爛醉的人。（特此聲明，我只有星期二晚上會這麼做，而且非常享受！）我真心喜歡和其他人相處、融入群體，只不過以前，我的焦慮削弱了我和別人交往的能力。

我對負面思維的迴圈並不陌生。前面說過，那是我從小就有的毛病。我們家族每隔幾個月就會聚會一次；烤肉餐會、慶生會……總會有人有事沒事就搞點什麼名堂！對我來說，最糟糕的部分是開車前往聚會地點的路上。見面開頭五分鐘先來一個彆扭的擁抱，跟闊別多年的親戚朋友一一問候寒暄，那會讓我緊張害怕得想吐。

我覺得有必要在其他的大人面前「表現一下」，我不想讓爸媽失望（並不是他們給了我什麼壓力）。正常的孩子會眉飛色舞聊著學校發生的事，在外頭和其他的小朋友嬉鬧，在客廳玩單手後空翻、吃一大堆東西。因此，我想辦法盡全力融入，因為我不想被貼上怪異的標籤。但不知道為什麼，別人只要提到我，就會出現「文靜」和「害羞」這類字眼。

作為一個孩子，最無力的就是這個：大人老是當著你的面對你品頭論足，彷彿你一個字也聽不見！「桑德拉，你記得克萊兒對吧？她非常害羞。克萊兒，來打聲招呼。」突然間，屋裡所有目光朝我的方向射來，誰都會不由自主瞄一眼那個不太正常的「害羞女孩」。至少，那就是我當時的感覺。

十三歲那年，有個朋友邀請我參加她的睡衣慶生會。那是我第一次去別人家過夜，雖然滿心雀躍，卻也非常緊張。我跟有些人還不太熟，而我們通通都要睡在同一間屋子裡。要是我睡覺打呼或說夢話、讓自己出糗怎麼辦？更糟的是，要是她們對我惡作劇怎麼辦？這些事情會在學校裡傳得人盡皆知，我會淪為全校的笑柄。我說不定會受到排擠，最後只能孤孤單單躲在陰溝裡（負面思考是我從小就有的毛病）。

於是我想出一套終極的備用計畫，以防萬一。我打算躲進廁所玩手機。有八個女孩參加慶生會——肯定不會有人惦記我，而且，我敢打賭沒有人會想上廁所。計畫萬無一失！那天晚上，慶生會一開始很順利——我們看了一部電影、塗了指甲油、吃了很多垃圾食物。然後冷不防地，大家突然決定玩「真心話大冒險」（該死！）啟動備用計畫的時機到了！我偷偷溜進我的秘密藏身之地，一切妥當。遺憾的是，不到半小時就有人來找我了。見鬼了！正當我自顧自地坐在馬桶上打著遊戲，傳來了一陣敲門聲。

朋友甲：克萊兒？你在裡面嗎？

（我驚慌失措地沉默五秒鐘）：呃，對，我在。

朋友乙：（清晰可聞的耳語）她在裡面嗎？她在幹嘛？

（我心想：OMG，你們全都給我滾一邊去！）

朋友甲：你還好嗎？你在裡面待好久了。

（我繼續慌張得說不出話來）：沒事……呃，我猜門被反鎖了。

朋友甲：你幹嘛不喊一聲？

（我心想：拜託讓我死吧！）：我喊了好久，你們沒聽到嗎？

沒錯，諸位看倌……我唯一能想到的合理解決辦法，就是假裝被反鎖在廁所裡面了。要嘛這麼說，要嘛告訴他們我便秘了，而這是絕不可能的事！於是我開始發狂般搖晃著門把，好讓整件事情看起來跟真的一樣。我是個遇上麻煩的好女孩，不是某個躲在廁所裡的怪胎。一切都會沒事的，對吧？故事快轉到一個鐘頭後，女孩的父親不得不把門給拆了下來。唉呀！事後想想，我其實應該去玩真心話大冒險的。

儘管出師不利，但那並非我最後一次執行這套計畫。唯一的差別是，地點升級到了公共廁所（有更多的隔間可以躲藏）。要是真的走投無路，我還可以假裝自己身體不舒服，對吧？

## 撐過派對並從中得到樂趣

儘管派對和社交場合會引發不安，不過這些活動的初衷是要讓人感到開心，而不是備受折磨！你的焦慮症或許會試著扭曲活動的原意，但請你盡力保持開放的心胸。我曾經因為某個人提議要玩卡片遊戲而直接起身走人，離開一場派對。同樣的，我說「走人」，但肯定是用跑的（再度以諾羅病毒為藉口）。我想像自己每一題都答錯，活像個白痴。真可惜，因為後來聽說那次派對很好玩，而我其實超級愛玩桌上遊戲！

**小提示——為社交場合做好準備的幾個建議：**

✘ 一個有用的方法是提醒自己：活動的實際情況永遠不像你想像的那麼糟糕（我們自尋煩惱的能力會讓你大吃一驚）。根據我的經驗，活動開始前的五分鐘會很尷尬，不過你會慢慢融入環境，越來越輕鬆。所以，出席活動之前，想想這句令人安心的話：「我此刻的感覺已經是最糟糕的了——從現在起，事情只會越來越好。」

✘ 至少提前兩天決定活動當天的穿著打扮。這個道理很簡單，活動當天少掉一件煩心事，確實很有幫助。請選擇簡單舒適、但會讓你信心十足的打扮。

✘ 看在老天的份上，拜託別在活動之前嘗試新的妝容和髮型（我們全都犯過這個錯誤）。新的妝髮有九成機率會出錯，而這只會讓你更緊張。懷著焦慮不安的心情出席活動已經夠難了，別提還要擔心自己看起來像個人妖！

✗ 坦然告訴另一個人你的感受。不需要搞得太正式——只需要說，「今晚的活動讓我有點緊張。我相信我不會有事的，但我只是想讓你知道，我說不定需要一分鐘的時間來減壓。」這會幫助你紓發部分的壓力。

✗ 喝點酒壯膽——所謂「酒後之勇」絕非空穴來風！我不是說酒精是長期的解決辦法，你也不應該把酒精當成支柱，但誠實點吧，酒精通常可以安撫情緒。（我說的是一杯，不是五杯。你可不希望自己像個白痴女人一樣，醉得跌進灌木叢裡！）不過，酒精的效果通常無異於安慰劑，所以但願你有朝一日不再需要它。

✗ 對著鏡子練習。我知道這聽起來很詭異，但請耐心聽下去。我偶爾會對著鏡子，面帶微笑地練習說話。一開始感覺很怪，但確實很有幫助。

✗ 即將抵達會場的兩分鐘前，給予自己讚美與肯定，例如「你他媽的真棒！」或者「天啊，你是全場最酷的人。」（在腦中）大聲說出來，這會讓大腦湧出快樂的安多酚，有助於紓解壓力。這雖然只有短暫的助威效果，但已能幫助你走進大門。

✗ 事先做一次CBT意念圖練習。

✗ 如果出現焦慮感，請暫停一下，任由焦慮感來襲。還記得第二章提到的暴露療法嗎？讓自己暴露於焦慮之中是件好事，因為它能幫助你體驗這種感受。焦慮感只是一種討厭的把戲，並非即將發生壞事的預兆。

## 個人外表

假如你有社交恐懼症，那麼你很可能常常挑剔自己的長相，怎麼看都不滿意。其實對於外表的不自信並非焦慮症患者的專利，許多人從青春期開始就這樣。前面說過，我在十二歲到十七歲之間，總希望自己擁有一頭金髮、小麥色肌膚和一對大奶（說真的，情節非常嚴重，仿曬乳液的味道已經永遠烙印在我腦海中）。緊接是我的哥德風時期——我知道，這是老掉牙的故事！

我開始滿臉痘花，一直持續到二十多歲才消除掉那些一直駐紮在我下巴一帶的討厭痤瘡。我對我這張臉超級沒自信，不過從好的一面來看，這確實幫助我從小鍛鍊出高超的化妝技術。如果你有青春痘，給你幾個快速的提示：

- ✗ 如果這是新的症狀，請盡快去看醫生，因為你可能是內分泌出了問題。
- ✗ 大量喝水。這能幫助你由內而外淨化毛孔。
- ✗ 吃很多鮭魚，並且補充Omega 3。
- ✗ 看看卡洛琳・海倫斯（Caroline Hirons）的美妝部落格（www.carolinehirons.com/2012/05/acne-cheat-sheet.html）。她的建議非常寶貴！
- ✗ 不要用牙膏塗抹痘痘——這種偏方純屬無稽之談；牙膏只會使皮膚變乾燥，不會解決痘痘問題。
- ✗ 使用含水楊酸的產品。酸性物質聽起來很可怕，其實不然，水楊酸能去除青春痘而不留痘疤。

✘ 少吃甜食。糖分竄升會導致身體分泌皮脂，進而產生青春痘。

✘ 最重要的，不要試著擠爆痤瘡（也就是皮膚底下的暗瘡）。我花了五年才終於承認這是一場毫無勝算的戰爭。相信我，我知道你有多想把它們除之而後快，但刺激它們沒什麼好處，到頭來只會留下疤痕、讓細菌擴散。最好的辦法是不碰它們，並且使用水楊酸產品。

我想，每個人偶爾都會對自己的外表缺乏信心，但別忘了以全面的角度看事情。我並非只有一點點的不自信——相反的，我十足確定自己是隻醜小鴨，這個念頭在我腦中揮之不去。有一段時間，我每隔十分鐘就會跑到廁所檢查我的瀏海是不是呈現某種特定的模樣。人們常常笑我騷包，他們根本沒搞清楚狀況！我的爸媽和朋友永遠不會明白我的擔憂。「你真的很漂亮，克萊兒。」媽媽會這麼說。要是這種讚美有用就好了，但是沒用，對吧？你壓根不相信這些話。

雖然以下的建議聽起來可能很老生常談，但我還是得說，隨著年紀漸長，情況會逐漸改善——主要是因為你越來越不在乎，而你的大腦自然而然會轉而專注於其他的事情。說到底，有許多方法可以應付這種因個人外表而產生的焦慮。誰都不該覺得自己很醜。試著分階段建立自信，因為這樣能打好更穩固的基礎。對我來說，不斷讚美自己（例如反覆說「我是女神」）的方法並沒有用。

CBT練習可以非常有效。你是否有確鑿的證據，可以向法官證明你很醜？有多少人曾經真的大聲說出你很醜／很胖／耳朵很大之類的話？（手足之間的殘忍奚落不算數。）我花了很長的時間，才終於接受我無法全然控制自己外表的事實。我想要金色的頭髮，結果是棕色的。我想要綠色的眼睛，結果是藍色的。我想要玲瓏有緻的身材，結果活像一根竹竿。我至今仍然偶爾覺得自己很醜，很想躲避全世界，但這再正常不過；儘管我非常希望每天都超級自信，但我知道這是不可能的事，那沒有關係！

**小提示**

✘ 頭條法則：不要在心靈脆弱的時候翻看時尚雜誌。拿那些並不真實存在的人經過修圖後的「完美」照片來折磨自己，對你沒什麼好處。

✗ 限制自己照鏡子的時間！如果你和我一樣愛照鏡子，請嚴格規定自己每個鐘頭只能照一次。猛照鏡子不會讓你覺得好過一點。

## 約會

如果你有社交恐懼症，約會恐怕是一件棘手的事。和陌生人見面、談論自己、熱烈的眼神接觸……我光想到就緊張得頭皮發麻！說實話，第一次約會基本上無異於一次面試，唯一的差別是可以喝酒，而且事後有太多東西需要分析。毫無疑問，這正是你會受人評判與鑑定的場合。因此，每次約會之後，我會在腦中一遍遍重播每一段對話。

不過關於約會，我覺得難以應付的不只是「見面」這一部分，還包括用手機簡訊或通訊軟體交換訊息。讓我們談談這個討厭的陷阱。告訴我，一條簡訊怎麼會有這麼大的力量，竟然可以影響你一整天的心情？不論你是否剛通過考試、找到工作或發現治療癌症的新藥物，你喜歡的某個人發來一條掃興的簡訊，就能讓一切盡皆失色。以下這個例子，是多年前我跟曾短暫交往的一個傢伙的簡訊對話。別忘了，我得花三十多分鐘才能想出一句又機智又酷的曖昧訊息。

我：午安，陌生人！猜猜我是誰？昨晚的相遇真令人意外。（一點都不意外——我穿著我最漂亮的洋裝和新鞋，事先看了他的臉書，查清楚他會出現在那間酒吧。）如果你在城裡，這星期找一天晚上聚聚？

他：〔兩小時後〕不知耶，我現在是窮光蛋一個，LOL。

我他媽的就得到這樣一句答覆？說真的……你有看見我那段精彩的訊息嗎？那個搭訕的說法簡直能轟動文壇，而他甚至懶得好好打完「我不知道」四個字？我花一整個下午焦急等待他的回音，然後又花一整個晚上反覆琢磨他話裡的意思。內心深處，我知道他對我不怎麼感興趣，但我就是控制不住自己。（我怎麼說的來著？哺乳類腦是腦部最強大的部位。）

**小提示**

如果你有糾結於訊息內容的傾向，不妨把手機交給朋友保管。相信我，這樣不僅能去除誘惑，也會讓你覺得好過一點。我有在喝醉之後亂傳簡訊的壞習慣，所以每次上夜店鬼混，過了晚上九點，我的好朋友就會自動沒收我的手機，以防萬一。

搬到倫敦一個月以後，室友認為我需要交交新朋友，因此說服我加入某個約會網站。呃，根據我有限的經驗，我認為約會網站的會員不是變態就是有戀童癖。不過一杯紅酒下肚以後，我願意嘗試看看。

奇妙的是，我就是這樣遇見我現在的男朋友，丹。我永遠忘不了我們的第一次約會。我不敢相信自己竟然去跟一個陌生人見面。他說不定是個殺人兇手！搭地鐵去康登鎮的路上，我吹毛求疵地不斷檢查自己的臉和頭髮。我對完美的執著也延伸到我對外表的挑剔，而我總能找到瑕疵。

我對他說的第一句話是，「哎呀，真尷尬！」別提建立良好的第一印象了——我竟然就這麼胡亂蹦出一句話。不過平心而論，他偏好擁抱，而我更習慣握手。於是我們雙雙做出失禮的舉動。我的生理症狀開始瘋狂作亂——尤其是臉紅和手抖。我的雙手抖得非常厲害，我得把它們壓在屁股下！他問我一大堆問題，而我想大聲尖叫：「能不能有五秒鐘的時間別看我？」只要能啜幾口酒，我知道一切都會平靜下來。但他就是不肯移開視線！幸好他彎腰去綁鞋帶，我趁機兩三口吞下大半杯酒！

和丹正式交往後，所有事情感覺都很新鮮。就像我嘗試在職場上重塑自我，我也想在個人生活中塑造良好的形象。我是風趣自在的人，不是某個會躲進廁所的神經病！一天下午，我們在倫敦市中心閒逛，心情舒暢愜意。這時他突然說，「我的朋友就在附近的酒吧，你願意見見他們嗎？」我可以用一個字總結我的內心戲：「啊啊啊啊啊啊啊啊啊啊啊啊！」我的頭髮一團糟，我的打扮也不合適，況且，我還沒喝半滴酒。別管全球貧困問題了，眼前的事才是十足的夢魘。「當然，聽起來很棒。我很樂意！」我用我能擠出的最輕快、最不驚慌的語氣這麼說。我們在一起才三個月，我還不想讓他看出我的瘋狂。十分鐘後，我們抵達酒吧。

丹：他們應該坐在最裡面。

我：你想喝一杯嗎？我去買。

丹：好啊，不過先等等。我們先去打聲招呼。

我：沒關係，你先過去，我一會兒去找你們。

丹：別啊，我們一起過去。

（我心想：放我去吧台吧，你這混蛋。我需要灌上一杯酒！）

丹：你還好嗎？

我：當然！（語氣有點太熱切了）我們走吧。

我們走向那群人，我緊緊抓住他的手。我需要給他的朋友們一個好印象，而我肯定會徹底搞砸。男友介紹我的時候，我可以感覺自己臉紅得發燙。我為什麼這麼古怪？每個人都很親切，而且，幸好他們已經喝了一下午了，所以應該沒有人注意到我的扭捏……也沒注意到我笑得活像嗑了藥的柴郡貓❹。

❹ 譯注：《愛麗絲夢遊仙境》中擁有特殊笑容的貓。

二十分鐘後，他轉身看我。

丹：我去上個廁所。你應付得來吧？

克萊兒：當然，我可以應付。（心想：「你要是扔下我跟這群陌生人在一起，我會他媽的扯爛你的喉嚨。」）

為了愛，我們什麼都願意做，對吧？幾個月後，我們第一次一起過節，我把自己鎖在浴室裡，我再也無法隱藏內心的魔鬼，為此忍不住啜泣。焦慮乍然而至，一如既往。幸運的是，儘管見識了我在浴室發瘋和其餘種種行徑，我男友依然愛我。不過，我不建議以如此戲劇化的方式知會你的另一半！

五年後，我們還在一起。我是個非常幸運的女孩。

## 小提示

✗ 事先傳簡訊給朋友，坦白說出自己的感覺。（你會發現這個建議再三出現，因為這個辦法對我很重要。）誠實的態度能減輕情況帶來的不快。我通常會傳訊息給朋友說：「這個約會讓我非常緊張，你能不能傳個訊息給我，說說我有哪些過人之處？」

✗ 比對方先到。不是叫你提早一小時抵達——十分鐘應該就已足夠。沒有什麼比在別人的注視下姍姍來遲更尷尬的了。況且，你可以利用等人的時間紓緩壓力、適應環境。再說，如果你的衣著出了什麼岔子，你可以趁機整理一下——你得盡可能讓自己覺得舒服自在。和丹約會之前，你幾乎可以從我的鼻子上看見你的倒影；它就是那麼油光閃亮！（我得替自己辯解：那時正值夏天，而我剛剛走出熱得發燙的地鐵。）在這種情況下，提早抵達讓我有時間在臉上鋪滿足以沉入一艘大船的蜜粉！等約會對象抵達，裝出你才剛到的模樣。（這還用說嗎？）

- ✗ 事先寫下一系列的話題，例如電影、工作等等。（記錄在手機裡，你隨時可以假裝需要看看簡訊。）
- ✗ 試著別抱著太大的期望（我知道，說的比做的容易）。你不過是跟另一個人碰面，要是兩人不來電，那就算了，又不是世界末日。如果你發現自己被激怒了，沒關係，想辦法讓大腦轉移注意力就好。
- ✗ 事先做一次CBT意念圖練習排解任何負面念頭。

## 公共交通工具

簡單一句話總結尖峰時間的大眾運輸：爛透了。沒有其他語言可以形容，真的。絕大多數焦慮症患者很難忍受在尖峰時間搭車，我也不例外。

試想一下：早上八點十五分，你和往常一樣出門，準備搭車到工作地點。你走到地鐵站，發現月台上已經擠滿了人。但是你別無選擇，只能加入人潮，因為你需要上班。車來了，煩躁的人群開始互相推擠，想辦法擠到前面。車門打開，車上的乘客像流水一樣溢出車廂，因為車廂內早已人滿為患。站在你旁邊的人群大聲哀嘆「老天爺啊」，然後使盡全力擠上車，而你陷在人潮之中，動彈不得。突然間，你發現自己跟好幾個陌生人身體貼在一起，連一公分的間隙都沒有。你被卡在車廂中間，沒有地方可抓。

列車晃了一下啟動了。車廂裡熱得要命，左邊那個男人的帆布背包戳著你的胸膛，角落有個小孩在大聲尖叫。「沒事的，」你告訴自己，「很快就會過去。」列車慢慢停靠下一站，你驚恐地發現有更多人試著擠上車，你快被壓扁了。另一個女人的頭髮悶住你的臉，你簡直挺不起腰來。你沒辦法好好呼吸，開始感到驚慌，瘋狂地左顧右盼，尋找逃生的出口。「我快昏過去了，如果倒在地上，我會被踩成肉醬。我得趕緊下車。」又過了痛苦的十分鐘，列車在一個站點停下來，乘客紛紛湧出車廂，你被人潮推擠著下了車。你巍巍顫顫地站在月台上，突然哭了起來。你下錯站了，但是你無法勉強自己重新回到車上。

這就是我遲到那天發生的狀況。當我終於進了公司，一名同事問我為什麼滿臉淚痕。她雖然深感同情，卻也表示，「哎呀，沒有人喜歡交通尖峰時間，但人生還得繼續下去。」我完全同意她的言外之意：沒有人喜歡像牲口一樣緊緊挨著其他通勤者；那是很不愉快的經驗，會把平常彬彬有禮的斯文人變成一頭憤怒的蠻牛。這樣的交通狀況任誰都無法接受，但我並不比其他人更有資格享受特殊待遇。

無論如何，值得警惕的是，人們並不理解心理疾病患者搭乘公共交通工具的障礙。假如我坐在輪椅上，人們能瞬間理解我的難處（正該如此），但是恐慌症發作和淚流滿面，只會令人覺得「誇張」、「脆弱」。那名同事後來笑著告訴我，「你需要堅強一點」。我當時接受她的建議，現在卻感到氣憤難平。

**小提示——我們不能期望大眾捷運的亂象出現奇蹟式的改善，所以給你幾個小建議：**

✗ 上車之前先填填肚子、喝點東西。雖然恐慌症發作不會導致昏厥，但低血糖會！（這是我親身經歷的血淋淋教訓，我的男朋友得拽著我下車。）

- ✗ 隨身攜帶一瓶水。
- ✗ 建立一個紓壓的音樂播放清單，或者聆聽有聲書來轉移注意力。
- ✗ 如果發現恐慌症即將來襲，做幾次腹式呼吸。這能提高體內的含氧量。
- ✗ 如果列車太擠，讓你感到不自在，不要上車。害怕遲到並不是犧牲個人福祉的充分理由。
- ✗ 如果你實在感到勉強，不妨跟上司討論每週是否可以在家上班幾天。
- ✗ 提早出門是避開交通尖峰時間的好辦法（我就是這麼做的）。這個方法雖然不盡理想，但你可以利用時間運動、閱讀或悠閒地享用早餐。

## 公司活動

公司的活動往往是我覺得最難應付的社交場合，那簡直無異於一場現場大秀，你得長袖善舞、引人矚目；絕對不是「做自己」的時候。所以我常常會模仿其他人的肢體語言、口音、說話語氣，甚至一度發現自己在裝模作樣地擺姿勢——實在很累。和一大群人往來應酬並非我與生俱來的能力；我得慢慢學習，訓練自己放膽去做。

在一場新書發表會上，我被要求「關照」來自一家熱門超市的兩名採購，展開一段長達四十五分鐘的痛苦對話和尷尬沉默。他們顯然是為了喝免費的酒和見見知名作家才出席活動的。我們彷彿在玩「二十個問題」遊戲——只能給予肯定或否定的答案。

我：今天晚上玩得愉快嗎？

一號採購：愉快。

我：你們從很遠的地方來的嗎？

二號採購：是的。

我：我替你們拿杯酒，好嗎？

一號採購：不用了。

我：噢，想必你得負責開車？（我是想開開玩笑）

（一號與二號採購默不作聲）

我：這本書真棒，你們有機會翻翻看嗎？

二號採購：還沒耶。

一號採購：我們什麼時候能見見ＸＸＸ（那位知名作家）？

（我心想：等我朝你的屁股踹一腳以後再說！）

毫無疑問，公司活動最困難的部分，就是你剛抵達的時候：走進人山人海、人聲鼎沸的現場，急切地尋找熟悉的臉孔。我能跟誰說話？我應該站在哪裡？我要說些什麼？

生活在大城市的四年裡，我學到了幾個生存的訣竅。首先要記住，緊張是再正常不過的反應——你不是怪胎或失敗者。當你走進公司聚會場合，現場起碼有半數的人跟你有相同的憂慮。他們或許會把不安隱藏在高聲寒暄和燦爛笑容後面，但說到底，每個人都希望被接納——畢竟我們都是人。

## 小提示

- ✘ 不要遲到。匆忙只會導致心跳加速，讓你驚慌失措。最好提前抵達，給自己充裕的時間進洗手間整理儀容、事先適應環境。在這類場合中，「感覺自在」能夠帶來很大的幫助。我會確定身上的包包不會太重，自己也沒有熱得冒汗。
- ✘ 假如遲到了，不要急著進門。花兩分鐘調整呼吸，讓心跳恢復平穩。
- ✘ 肢體語言很重要。哈佛大學研究員柯蒂（Amy Cuddy）曾經研究「力量姿勢」的重要性。走進一個令你緊張的場合之前，擺出某種強有力的姿勢能讓你信心倍增。第一次讀到有關力量姿勢的作用時，我覺得這種事很蠢。某種特定的站姿怎麼可能幫助我提升自信？不過嘗試之後，我現在心悅誠服！這些姿勢確實能對體內的荷爾蒙產生正面影響。參加活動之前，試著花幾分鐘擺擺力量姿勢！（不過，我建議你躲起來這麼做。）
- ✘ 還記得第二章的CBT意念圖練習嗎？請事先一一駁斥你心裡面的負面

念頭。

✗ 如果你不善於閒聊，不妨事先列出幾個話題——這麼做並不丟臉。好的話題包括：你是遠道而來的嗎？你在哪一個部門工作？你是怎麼認識某某人的？你這個週末有什麼好計畫？聽起來也許很彆腳，但這些輕鬆的對話保證能幫你打開話題，侃侃而談。

✗ 不要對抗負面情緒。如果發生不愉快的事，例如遭到同事的拒絕或小小出了糗，不如到洗手間躲個五分鐘（別忘了，洗手間永遠是你的避風港），允許情緒翻湧而來——不要壓抑。提醒自己，你是人，你的表現沒有問題。然後為自己付出了努力感到開心，抬頭挺胸走出洗手間。一小時後，誰都不會記得這些小事。接納情緒，感受它、理解它、放下它，繼續前進。不要讓負面念頭和情緒整晚纏著你不放——最好給它們一點點時間享受關注，然後把它們丟在一旁。假如所有方法都失效，那就喝幾杯酒，把它當作一次教訓！你應該為自己走出了舒適圈而感到自豪。

✘ 我們總是花太多時間去關注我們無法控制的事情，而不是我們能控制的範圍。好比說，你無法控制別人怎麼看你。X教授❺可以，但你不行。不過，你可以控制自己如何對待自己。

✘ 選擇比較安全的目標。從小處開始，不要一下子就去找總經理聊天！尋找落單的人或角落裡的小群體，他們可能正覺得手足無措，因此會很樂意接受你的關注。

✘ 不要守著你的小圈圈。試著抗拒和熟悉的同事黏在一起的誘惑，鼓勵自己去跟其他人攀談。根據我的經驗，獨自一人比身在群體中更容易結交到新朋友，因為你會稍微強迫自己。如果你能做到這一點，或至少嘗試一下，下一次參加類似活動時，你會感到更自在，因為你知道自己做得到。而且，假如你的同伴們各自向外伸出觸角，日後也會更容易加入其他團體（因為你們可以替彼此介紹）。

## 公開演說

請允許我另闢一個小章節談談公開演說這件事，因為如果你有社交恐懼症，這可謂最可怕的夢魘！對我而言，公開演說不局限於站在講台上對著一群觀眾演講，還包括在會議上發言，或者在餐會上對一群人轉述一則奇聞軼事。基本上，只要會受到別人注視的事都算在內。有些人做起來毫不費力，另一些人則得勉強自己，那沒有關係！不過，只要你願意學，這是可以後天訓練的能力。

在我精神崩潰後的早期復原階段，光置身在會議室，就令我如坐針氈，更別提參與討論。狀況穩定之前，不要強迫自己在公開場合說話——這一點很重要，再怎麼強調都不為過。

❺ 譯注：漫威漫畫《X戰警》中的虛構人物。

## 小提示

✗ 事先練習。即便只是在會議中講個幾句話，也請你事先演練你的說話內容（最好對著鏡子練習）。這能幫助大腦熟悉狀況，也能幫助你習慣在正式場合聽到自己的聲音。意外的是，大多數人都會因為聽到自己的聲音而感到震驚。

✗ 如果你深為生理症狀所苦，例如臉紅或發抖，不妨跟醫生討論服用普潘奈（一種乙型阻斷劑）。如同我在第二章所說，這種藥有助於減輕症狀。我不希望聽起來像個藥販子，但我說的都是真心話。效果立竿見影——必要時，我會提前十五分鐘服用一錠。

✗ 一位運動心理學家告訴我，「試著想像心裡七上八下的感覺其實是內心興奮的火花。想像你即將要做的是一件了不起的事，而你迫不及待地想趕緊上場！」聽起來有點牽強，但我受益匪淺。（在心裡）對自己說，「我即將讓所有人眼前一亮，我等不及給大家看看我有多棒。」在你這麼說或這麼想的時候，請面帶微笑。

✗ 記得事先練習一下擺出「力量姿勢」，為自己加油打氣。

總之，即便事情搞砸了也無所謂。你可能沒辦法漠視自己的錯誤，但那並不重要。記得，下一次會更好。你應該為自己曾經努力嘗試而感到驕傲。

以下是我過去三年曾參與過的一連串與公開演說有關的活動。我不是想拿它們自我吹噓，純粹想證明公開演說是一種可以後天習得的技能，就算你有社交恐懼症也不例外。別忘了，醫生剛替我開立停職證明時，我連出門都成問題！

✗ 站在十五個人面前玩「比手畫腳」遊戲。
✗ 主持會議。
✗ 上廣播節目。
✗ 接受紀錄片的採訪。
✗ 兩度當著一百多人發表工作簡報。
✗ 在撒馬利亞會的慈善活動上演講二十分鐘。

這是靠日積月累、大量練習而來的，但我做到了。

記得對自己寬厚一點。有精神疾病的人，往往是最嚴厲的自我批判者，總是毫不留情地辱罵自己，貶低自己達成的任何成就。舉例來說，「我為什麼應該為自己在會議上發言而感到驕傲？我是說，我本來就應該要能夠輕鬆自如地在會議上侃侃而談，對吧？我有什麼好自滿的？真要說的話，那只突顯了我是多麼沒用。」我無法想像有人會在安迪．莫瑞（Andy Murray，英國網球名將）拿下致勝的一分之後，輕描淡寫的對他說，「噢，你把球擊過網了。」

不必懷疑：面對挑戰仍勇往直前（不論結果是否盡如人意），就是一大成就。你為了改善焦慮症而採取了行動，真的太棒了！因此，我希望你不要對自己說這些話：

「那又沒有什麼。」

「只是一件小事。」

「我本來就應該做到的。」

相反的，請以自己為傲，好好的犒賞自己。你給自己的獎賞可以是一條巧克力、一瓶香檳或者一輛車（如果你錢多的話），只要能向大腦傳達「你做得很棒」的訊息，任何東西都行。

## 取悅他人

希望擁有家人、朋友和同儕的支持，是每個人與生俱來的需求，沒有人喜歡被拒絕。然而，你的快樂和內心的寧靜不應該受其他人的情緒和認可所左右，這一點很重要。我總是希望取悅他人，也一直這麼做，這個想法理論上聽起來不錯，但實際上卻令人精疲力盡，而且根本不可能做到。

生命中總有些人特別容易引發我們的焦慮，再怎麼「討好」他們，都無法改善情況。我害怕跟某些人一起籌畫社交活動，因為我知道自己一定會出差錯，無可避免。我會挑錯餐廳或選錯時間，不然就是座位安排不當，最後得移師另一個地方。我會一整個晚上緊張兮兮，想盡辦法照顧大家的心情，拼命哄他們開心。活動結束之後，我會疲憊不堪，隔天必須休息大半天才能恢復精神。我高度懷疑這些人知道我會受到多大的影響，某種程度上，我是咎由自取，因為我允許自己受他們擺佈。

年紀越大我越明白，歧見的存在雖然令人不快，卻是人之常情，不需要小題大作。別擔心說錯話，每個人都有發表意見的權利。如果歧見引來激烈的言詞交鋒，試著先別驚慌。你要知道，惡言相向可能是對方感到震驚的表現，他們不習慣被人反駁，因此一時情緒失控。另一方面，他們說不定只是覺得自己的想法是對的，想要進一步陳述己見。只要不涉及人身攻擊（例如「你是白痴！」）就不必在意。

我知道說的比做的容易——對於一個不喜歡衝突的人，誠實表達自己的意見，是件非常頭疼的事。和許多事情一樣，重點在於練習。當然，別為了發言而發言，你的意見必須中肯而且切題。首先，當你真的無法繼續討論下去，深呼吸一口氣，要求暫停一下。下面是個例子。我每一次跟某一位朋友約見面，她總會挑選最適合她的時間與地點碰面。一般來說，就算再不方便，我也會勉強同意，因為我不想節外生枝。一天，我決定堅持主見。我好害怕她會生氣而拒絕見我，但我需要試試看。

朋友：你明天想一起喝一杯嗎？我在想，我們可以去那間復古酒吧喝雞尾酒。（基本上，從她家到那裡只要步行十分鐘，而我得搭好長一段地鐵。）

我：其實，那裡對我來說還挺遠的。我在想，我們或許可以約在某個中間點碰面？

（朋友沉吟片刻）：呃……我這個禮拜很忙，快累死了，寧可找近一點的地方，你不介意吧？

（我深呼吸）：噢，你辛苦了！希望這個週末你可以好好放鬆。問題是，我也很累，但我真的想跟你聚聚。肯定有什麼地方對我們兩個來說都很方便。

朋友：那麼我這次就不去了。這禮拜真夠受的。

我：好吧，沒問題。週末好好休息。

聽起來很失敗，但其實是一大成功。以前，我會花上一個小時的車程赴約，但在路上內心備感挫折：憑什麼每次都按照她的意思做？呃，真相是，因為我縱容她。她不是一個惡毒的人——事實上，她一直是我的好朋友。她只不過習慣了對我予取予求。

我渾身顫抖地掛上電話，各種擔憂在我腦中縈繞不去。「要是她再也不跟我說話怎麼辦？我剛才是不是應該乾脆答應她就好了？」不過我再次深呼吸，回到座位繼續工作。一小時後，她打電話回來向我致歉，答應在我們都方便的地點碰面。

最難的就是跨出第一步。

**小提示**

預先想好幾個關鍵句子，大聲說出來，在鏡子前練習。一開始會覺得很可笑，但這是很棒的練習方法。

- ✗ 其實，我中午不想吃壽司，可以試試別的地方嗎？
- ✗ 你能來接我的話就太棒了——我猜我在公車上會很不舒服。
- ✗ 請不要罵我白痴，那真的很傷人。
- ✗ 很抱歉，今天沒辦法跟你碰面，因為一整天工作下來，我實在累了。

這些話聽起來似乎平凡無奇，卻是很好的起點，重點在於體驗表達反對意見所引發的不適感，慢慢進步。以下是幾項準則：

✘ 慎選你要打的仗。只挑真的令你心煩的事去提出反對意見，不要為了反對而反對。

✘ 不要咄咄逼人。一旦脫口說出惡言惡語，你就輸了。最好對事不對人，將焦點放在眼前的討論。例如，與其說：「你老是要我遷就你——你真自私！」不如試著說：「我真的希望我們能在我們兩個都方便的地點碰面」。

✘ 不需要過度解釋你的立場。如果你拒絕邀請，而對方問你在忙什麼，請禮貌但簡短地回答就可以。沒有必要為你的決定做出太多的解釋。（除非你錯過的是他們的生日派對！）

✘ 在投入可能會令你深感焦慮的衝突之前，請做一次CBT意念圖練習。消除負面的念頭大有益處。

✘ 不要屈服於同儕壓力。曾有一名同事為了刺激我跟她一起出去，不斷在別的同事面前抱怨我是多麼「無趣」。這或許是個無傷大雅的玩笑，但我卻覺得自己被打回原形，一絲不掛。儘管她的戰術犀利，我仍然微笑著再次拒絕她的邀請，並暗示下次再參加聚會。

# 第六章 焦慮的一百種面貌

焦慮是設置困局的大師，令我們深陷牢籠。它是個狡猾的傢伙，擁有一百種面貌，就像變形人一樣。不過請記得，它的終極目標始終不變，那就是把我們困在一個固定的模式中，讓人無法自拔。多年來，我辨認出需要注意的三種角色，並找出對付它們的一些訣竅。

## 老虎

這個角色令人無法漠視。他（很抱歉——我不由自主地把他當成男性角色）會引發非常劇烈的生理症狀和痛苦的念頭，例如「停！你應付不了的，趕緊離開！」他常常在高壓事件之前現身。你會感覺他伸出利爪，沉甸甸地壓在你的背上，不允許你忽視他的存在。這隻老虎也會在夜間出現，逼得你失眠：「你肯定睡不著，明天會很累，什麼事都幹不了！」

**對策：**腹式呼吸練習。接納焦慮（老虎）來襲。不要抵抗，允許自己害怕。繼續前進。遵照暴露療法的步驟。

## 惡霸

這個角色歹毒且舌尖嘴利，主要是拿「不安全感」和「自我懷疑」這類情緒症狀開刀。「你真可憐。誰會想跟你說話？你會丟盡自己的臉。你是個失敗者！」聽起來很熟悉？這是惡霸的聲音。

**對策：**別爭辯，因為你毫無勝算。相反的，進行CBT的「意念圖」或「重新聚焦於積極面」的練習。花一點時間好好演練，徹底將所有負面念頭拉出水面。接納它們，允許自己暫時陷入壞心情，為負面念頭找到合理解釋，然後繼續前進。

## 腹黑友

這是最狡猾的角色，我把她想像成女性。她說服你相信，「什麼都不做」才是正確的決定。她出現時並不會帶來生理症狀，也沒有殘忍的羞辱言語，相反的，她笑裡藏刀，口蜜腹劍。這是特別需要留意的角色，因為她往往神出鬼沒，不被察覺。我最近跟一位長年受到焦慮症所苦的朋友聊天，她「首選」的應對方式，是避開那些會令她產生焦慮的場合。然而悲哀的是，她甚至沒察覺自己在逃避。

朋友：關於亞當的聚會，我想了又想，還是決定不去了。我最近事情太多，真的很累，可能有點荷爾蒙失調。我晚上打算放鬆一下，看看電視。我相信大家都會理解。

（我心想）：別啊……你知道我有多常聽你這麼說嗎？你中了焦慮症的計了。起初也許會感到不舒服，但是你辦得到的。

別誤會，我衷心相信放鬆的功效，也認為睡眠和「停機時間」非常重要，尤其當你飽受心理疾病的折磨。然而，它們也可能成為你規避生活、閃躲問題的藉口。腹黑友會唬弄人相信，只要「放輕鬆並且避開派對／會議／假期」，他們就會好過一點，但是真相絕非如此。相信我，我也希望這麼做有用，不然我的病老早就好了！相反的，你被唬得去逃避讓你緊張的場合，反而更加深了焦慮的信念。

根據我的經驗，我發現腹黑友在一個人決定做出改變時最為詭計多端。人家說人類是習慣的動物，而新的習慣不容易養成。的確，建立新的習慣和作息，是大腦最難接受的事。想想那些不肯接受新科技的老頭就知道了：拜託，謝絕改變！

所以，假如你一開始覺得CBT練習、靜觀冥想或運動很難，不必驚訝。這完全正常。根據經驗法則，一個新習慣的養成需要花上二十一天，對吧？不過從來沒有人說明背後的原理！經過長時間分析，我區分出腦中的三大破壞王：好鬥腦、狡猾腦和正向腦。

## 第一階段：好鬥腦

幸運的話，建立新作息的頭一兩天，你會順利的進行，毫無波折，你會充滿熱忱與正面能量。但是到了第三天，情況急轉直下……

- ✗ 念頭：你這蠢貨，你怎麼會以為這是個好主意？你不可能堅持下去的，乾脆趁早放棄算了。
- ✗ 情緒：沮喪、憤怒、氣餒。
- ✗ 生理：極度疲憊、全身疼痛、呆滯。

這是大腦在憤怒地排斥新的作息習慣，因為你正試圖改變常態。這個階段通常至少會持續五天，請堅持下去。

## 第二階段：狡猾腦

進入第二星期，攻擊的症狀漸漸消失，不過另一種狀態開始成形……

✗ 念頭：你昨晚沒睡好，何不請假一天？
✗ 情緒：低落而自憐。
✗ 生理：倦怠、提不起勁。

別被騙了，其中有詐！腹黑友正以一種全新的溫柔手段破壞一切。請繼續維持你的日常規律。

**第三階段：正向腦**

到了最後一週，成功已近在眼前，大腦突然變得樂觀正向。

✗ 念頭：你做得真棒，真應該感到自豪。何不睡個懶覺犒賞自己？
✗ 情緒：滿足、平靜、快樂。
✗ 生理：放鬆。

我通常敗在這個階段。同樣的，其中有詐！這是腹黑友在將自己的本事發揮到極致的表現。你遇到了最後一個關卡，千萬不要功虧一簣。你的大腦在做最後一搏，意圖溫柔地扼殺這個新養成的習慣。

過了第三週，新的作息會變得容易多了——幾乎就像你的第二天性。過程很艱辛，但如果我做得到（而我是一頭懶豬），相信我，大家都有機會成功。

**小提示——以下對付三大破壞王的妙招，是以健身中心為前提。請根據你的狀況自行調整。**

✗ 嚴格遵守。生活中的大小事通常都有妥協的空間，但在建立一個新的規律時，務必百分之百按照計畫執行。鬧鐘響時，別給自己思考的餘地，趕緊他媽的起床就是。如果新的作息是關於下班後的安排，去做就是了——什麼都別想！

✗ 誘因：對我來說，沒有什麼比賄賂更有用。例如，我會在出門前煎一份藍莓鬆餅當早餐（十分鐘就可以做好），然後邊看垃圾節目邊享用。

✗ 未來化思考：試著思索你希望**以後**有什麼感覺，而不是**現在**的感覺如何。最慘的事情莫過於對自己失望——那真令人喪氣。所以當出現負面念頭，想想：「我知道如果我這麼做，我會為自己感到驕傲。」

✗ 獎賞：當你貫徹執行計畫，別吝於獎賞自己。我通常會買一杯星巴克咖啡。正向強化的效果很棒。

**請記住：什麼都不做，就不會有改變。只要有所行動，任何事情（不分大小）都是好事。**下面是幾個建議：

✗ 去看醫生，和醫生討論你的焦慮症。

✗ 跟CBT治療師預約。

✗ 戒咖啡或戒酒。

✗ 去參加活動，即便那會讓你感到焦慮。必要時，事先打好預防針，例如告訴自己：「我只需要在那裡待上一個鐘頭就可以了」。

✗ 定期參加讀書會。

✗ 常和同事在下班後小酌一杯。

小心提防腹黑友！我以前經常跟她廝混（現在仍然偶爾如此），但她從來無益於事態的發展，就像老是拖著不去看牙醫——留在家裡可能讓你覺得更安全，但你只不過是讓牙齒有更長的時間發爛。

# 第七章 給照顧者的忠告

幾年前，經歷特別難熬的一夜之後，媽媽淚眼朦朧地望著我說，「我好無力，因為我不知道怎麼幫你。我想讓一切好轉，卻反而越幫越忙。」儘管我沒有小孩，但我能想像，看著自己深愛的人陷入痛苦卻一籌莫展，那種感覺是多麼糟糕。如果角色互換，我知道我會心急如焚地試著幫忙。

不過，儘管他們盡力了，但我父母所做的一切其實於事無補，他們不知道自己對付的是什麼，我也不知道怎麼教他們。我的男友也面臨了同樣的困境，他只要一說錯話，就會成為我的出氣筒，首當其衝。我會因此深感內疚，因為我知道他只是想幫忙——這是個令人筋疲力竭的循環。

以下的例子，是我焦慮症發作時的經典情節：

我：（哭得歇斯底里）媽，我沒辦法呼吸，每件事情都超出負荷。我不想參加那場派對，我肯定會出盡洋相。

媽：你在說什麼啊，寶貝？你不會有事的，冷靜點。

我：問題就在我身上，我是個怪胎！大家都知道。我這輩子注定活得很慘，我一點辦法也沒有。

媽：你在說什麼？克萊兒，冷靜點。你需要冷靜下來。天啊，我在幫倒忙，對吧？

上述情況就是我所說的「崩潰」，發生在一個人一直試圖壓抑的焦慮，突然一股腦地在腦中爆發的時候。那種情況就好比一條潰堤的河流，奔騰氾濫，到處肆虐，不到河水流盡不會休止。而這會讓人疲憊虛脫，彷彿被榨乾了力氣，而且場面很可能令人難以卒睹。

下面是另一個例子：

我：天啊，我不想去今晚的聚餐。我一定想不出什麼有趣的話題，你的朋友會覺得我超級無趣的。

丹：你在說什麼呀？別鬧了！

我：我不是在無理取鬧。你覺得我是怪胎，對吧？你為什麼就是不懂？

丹：我有試著了解你，寶貝，但是你的話毫無道理。沒有人會拿放大鏡看你——大家都很親切。每個人都有自己的生活，你為什麼以為他們會把注意力集中在你身上？

我認為，若要幫助焦慮症患者，就必須從整體的角度看待問題，並設法理解患者的想法與感受。關於精神疾病，最大的問題在於欠缺指引。它和胃痛或骨折等生理症狀不同，醫學界至今還沒有明確的步驟可以保證治好心理疾病，醫生只能提供沒有具體證據的「建議」，但那並非你在絕望時想聽到的話（相信我）。所以，照顧的責任主要落在最親近的人身上，而那是一份非常嚇人的責任。

況且，當至親之人由於不理解情況而一次次說出不該說的話，也會令你感到沮喪；隨著挫折感而來的是罪惡感，因為你知道他們只是想幫忙。最後，什麼問題都沒解決，同樣的模式注定在日後再度上演。

在我復原的那段期間，我開始從不同的角度思考。只有我自己知道我需要聽到什麼，我怎能期望身邊的人幫助我，卻不告訴他們該怎麼做？你會期望一個人不靠說明書就能拼裝出組合衣櫃嗎？（並不是說我真的會看說明書。）假如我希望情況好轉，就必須採取更積極主動的做法。

我想分享我個人「指南」裡的幾個秘訣，希望能幫助其他人。首先要強調的是，焦慮症不是一個理性的疾病，所以你不能指望平常用來安慰人的話會有什麼用。別試圖理性地回應一個不理性的問題——真要說的話，那只會火上澆油。

根據我的經驗，焦慮症患者總是時時刻刻在尋找可以顯示自己「不正常」的徵兆。我們是訓練有素的偵探，最善於觀察人們的情緒，因為我們自己的情緒極其細膩。如果你認識焦慮症患者，很可能聽過類似的話：「他覺得我很怪，他的目光明明白白說明了一切。」或者，「媽，我很抱歉，你肯定受夠了我這個樣子。」話裡揉合了多少恐懼與內疚。

就我個人而言，我最害怕的是接收到「那種眼神」。我很難具體形容……那是一種「我不知道該說些什麼」的眼神，那種眼神曾讓我惶惶不安，充滿絕望。簡單地說，那是一個似乎在說「你只能靠自己了，沒人幫得了你」的眼神。生病的時候，沒有什麼比孤單無助的感覺更糟糕了。多年來，我在許多人眼中看到這樣的眼神，就算他們否認也無法改變我的感受。（是的，我明白自己有些偏執，但請繼續讀下去！）

我無意批評我的父母或朋友——我數不清他們曾想過多少種方法來幫助我。平心而論，那種被我解讀成「遺棄」的眼神，其實很可能是恐懼……他們不知道如何是好，我看得出來。因此，和許多患者一樣，我開始隱藏我的焦慮。我瞞著我的男友、朋友和父母，因為我承受不了他們眼中的神色，以及我因為自己令他們如此痛苦而產生的內疚。因此，我還不如假裝一切安好，讓事情簡單一些。

# 如何幫助焦慮症患者

## 1. 展現百分之百的從容與自信

這一點再怎麼強調都不為過。就算你嚇得屁滾尿流，也必須使出能拿奧斯卡獎的演技，展現從容不迫的神色。這一點非常重要，因為焦慮症發作的人會從你的情緒中吸取能量，跟著你的情緒做出相應的反應。你的鎮定能幫助他們鎮定下來。如果你露出一切都會沒事的自信，他們也會感到安心。

## 2. 允許症狀發作

別叫一個人去「控制」他的情緒，或嚷嚷著要他們「冷靜一點」！症狀已然來襲，需要全部發洩出來，所以不要鼓勵患者對抗焦慮，也不要專橫地逼他們「快點趕走焦慮」。你只需要當個恆常而堅強的港灣，耐心等待情況稍微平靜下來，因為一切終究會雨過天晴。當大腦接受焦慮感來襲的事實，症狀會更快煙消雲散。

### 3. 想辦法轉移注意力

不，我不是叫你要飛刀特技或在屋裡側滾翻，而是要你做點什麼，想辦法轉移患者的注意力，特別是可以強迫他們動動腦的事情。不是「六十三乘二十七等於多少」這類太燒腦的問題，而是例如「你可以想出幾個以字母A開頭的男生名字？」等簡單的遊戲。轉移大腦的注意力是個非常好的辦法，而當正在經歷焦慮來襲的人看見你投入其中，他們會更願意加入這個活動。

幽默感也是很強大的工具。根據我的經驗，笑聲可以中和焦慮的因子，一如水可以滅火——所以，你可以試著拿當時的情況開玩笑。例如，「天啊，你的耳朵冒蒸氣了，你好像一隻茶壺！」

### 4. 協助復原

對於焦慮症發作和恐慌症發作的建議略有不同。

## 焦慮

焦慮退去之後，患者很可能筋疲力竭，因為焦慮耗光了他們的腎上腺素和情緒資源，所以請幫助他們感到舒適一點。如果在家，不妨讓他們坐在沙發上，墊上幾個靠枕，端上他們最愛喝的飲品（順帶一提，熱巧克力可以發揮神效），對他們表達愛意（例如擁抱）。

如果在公共場所，盡可能讓他們覺得舒適（例如找一間咖啡館，或者回到車上坐個十分鐘）。重點是，找一個能讓他們感到安全又放鬆的地方。在這個階段，別急著拿「症狀為什麼發作」這類問題轟炸他們，只需要天南地北地陪他們閒聊，並設法分散他們的注意力（例如看電視或聽音樂）。

## 恐慌

恐慌發作之後，流竄在體內的腎上腺素需要被消耗掉（基本上，你需要用光腎上腺素以減緩過速的心律）。可能的話，鼓勵他們起身運動，並陪著他們一起做。

某一天晚上，我經歷了一次可怕的恐慌症發作，爸爸帶我頂著一月的寒風出門健走。他當時並不知道該怎麼應付我的症狀（因為所有事情都還在摸索階段），但那是他提過最有用的建議！當時是晚上十點，但他一臉的不在乎。我們穿上外套，在街上走了十分鐘。

如果你無法出門運動，不妨爬爬樓梯、做開合跳，或者跳幾支舞。你或許感覺很荒唐，但真的有效。（如果醫生不建議運動，不要慫恿對方蹦蹦跳跳。）

一旦消耗掉腎上腺素，患者會感覺到疲憊（不論生理或心理方面），所以和上面說的一樣，想辦法讓他們舒服一點。那天健走結束之後，爸爸和我一起坐在沙發上看我最愛的電影《神鬼交鋒》。我們喝了點酒，他摟著我。我知道這聽起來很怪……一個二十六歲的女人像個孩子般依偎在爸爸的懷裡！不過，那樣真的很有幫助，帶給我莫大的安慰。多年來，我第一次感覺到百分百的安全。可見，傳統而原始的方法能發揮多大的效果，恐怕會讓你大吃一驚。

在這個階段，同樣不要拿問題轟炸他們——只要幫助他們放鬆就好。

## 5. 問他們是否想聊一聊

最後，當一切恢復平靜（至少給他們幾個小時），詢問對方想不想聊一聊。坦白說，在這個階段，治療師可能能提供更大的幫助，因為他們已經充分了解這個人究竟經歷了什麼，此時使用CBT技巧對焦慮症非常有效。

以下是幾句有助於撫慰焦慮症患者的話：

✘「記得，這只是個卑劣的把戲。你很難受，但是不會發生什麼壞事。不必擔心。」

✘「我就在這裡，哪兒也不去。我們會一起挺過去。這是一種可以治好的疾病，我不會放棄你的。」

✘「一步一步慢慢來，好嗎？我知道你渴望作長遠打算，各種事情你的腦中嗡嗡作響，但我們需要試著專注於現在。」

✘「你不是唯一一個。這種病比你想像中更常見！沒必要覺得丟臉或羞愧。」

✗「我們何不來玩個遊戲？反正現在沒什麼好看的電視節目！來玩桌遊好不好？」

✗「晚一點，等你平靜一些，我們可以聊聊究竟什麼事情困擾著你。我們可以把問題寫下來，一起分析。」

## 五不原則

照顧者經常犯錯（這不怨他們），我在此列出最常見的五大錯誤：

### 1. 不要多問

就我個人經驗，當焦慮或恐慌來襲，我幾乎連自己的地址都記不住，遑論正常的思考。因此，連珠炮似的追問，只會刺激強烈的情緒反應，就連「出什麼事了？」或「你為什麼在發抖？」這類無害的問題都會讓我深感挫敗。當大腦無法理性運作，發問只會讓患者注意到自己頭腦當機，使他們更加受挫。所以請試著徹底克制發問的衝動。

另外，不要試圖「解決」問題。坦白說，男人比較有這方面的毛病（抱歉，打了一張性別成見牌）。這可能是因為他們沒有生理期，所以從來不曾因為打翻茶杯而瞬間淚崩。你無法「解決」發作中的焦慮症或恐慌症，因為基本上什麼事情也沒有發生，提供建議只會適得其反。不妨讓患者「感受」他們正在經歷的狀況，不要打擾。好比說，假如他們在哭，就讓他們哭吧；那樣可以更快地釋放壓力。

## 2. 不要驚慌

「抓狂」的時候，我對身邊所有人的反應超級敏感。兩年前，在一次恐慌發作中，一位同事對我說：「我的天啊，你抖得好厲害，是不是該叫救護車？我們需要立刻打電話叫救護車！」我不想詳細描述當時的情景，但我的反應大約是這樣的：「我操！天啊，真的有這麼糟嗎？我是不是快死了？我會不會精神失常，最後被關進瘋人院？」

這是照顧者很難避免的錯誤。當你深愛的人陷入痛苦，你會自然而然跟著難受。不過，努力保持鎮定是很重要的。請記得，那是一次心理疾病發作——不會對生理造成嚴重影響。（我這麼說，是因為許多患者誤以為他們心臟病突然發作了。）你無需擔心——狀況遲早會結束。以下是人們曾對我說過的幾句話，無意中洩露了他們的驚慌：「天啊，我不知道該說些什麼」「我在幫倒忙，是吧？」「這真的很糟糕」，以及「你為什麼不能冷靜下來？」如果拿不定主意，不如閉上嘴巴，把對方擁入懷裡。永遠不要低估緊緊擁抱的力量！

### 3. 不要動怒

英國人素來癖好「嚴厲的愛」。我們向來對內斂的民族性格深以為傲，並且將此特質代代相傳。這種臉上波瀾不驚的狀態許多時候很管用，例如在類似戰爭的狀況中，我寧可我方的將軍做事果斷冷血，而不是喜歡跟大家溫馨擁抱。不過，我跟你保證，這不是對待焦慮症患者的好方法！諸如「振作起來」、「打起精神」和「不要那麼軟弱」這類的話只會雪上加霜。你必須理解，患者也拼命渴望能「打起精神」，但他們不知道該怎麼做。親切與耐心始終是更好的選擇。最有益的話很簡單：「我愛你」，還有「我知道你很害怕，但事情終究會過去」。

特別值得注意的是，焦慮症患者總會擔心他們成了照顧者的「累贅」，所以經常把道歉掛在嘴巴上。我老是這麼做，差點把我的男朋友給逼瘋。所以請準備好反覆訴說安慰的話，假裝你是在對一個十分鐘後就會忘掉一切的機器人說話。我知道這很難，但請保持冷靜，不要動怒。

## 4. 不要強迫他們「正向思考」

這一點很難解釋，請容我細細道來。想像你的一個至親好友剛剛過世，你自然非常憂傷。現在，有人叫你「樂觀一點」或者「往好的一面看」……這樣的勸慰該是多麼沒用、多麼令人生氣？好吧，現在把上述情景套用在焦慮症患者身上，因為當你對他們說著同樣的話，那正是他們的感受。我無意將焦慮症的發作比做喪親之痛，但那份絕望的感覺非常類似。**你無法正向思考**，因為第一、你的思緒一團混亂，更別提正向思考；第二，負面情緒在腦中氾濫成災，你打不贏它們的，最好讓那些情緒自然而然的消散。

總而言之，在一個人發病時，指出他缺乏正向思考的能力，這種做法簡直無異於巧克力茶壺——完全沒用。

## 5. 不要阻止患者做他們覺得對的事

這一點見仁見智，所以不必奉為聖旨。例如，如果你至愛之人在焦慮中覺得切斷手指是一件「對的事」，我建議你出手阻止！不過，請記得，大腦是個了不起的東西，遲早會調適自己，所以不要阻止它進行自我調適。恐慌症發作時，我喜歡：

✘ 坐在過道的地板上——我知道這很詭異，但能對我起鎮定作用。

✘ 請丹坐在我身旁，或站在廚房裡我看得到的地方——我的愛犬麗格碧通常蜷縮在我的腳邊。

✘ 反覆說「我好害怕」，至少五遍。

✗ 一邊朗讀一邊喝一小杯紅酒——這同樣很詭異，但確實有效。

這些日子以來，丹對上面這幾些事早已見怪不怪。在我們家，這些事情完全「正常」！他承認，一開始在我發病時，他會想辦法叫我坐在沙發上或喝點水，不過他現在懂得聆聽並信任我的直覺；這是最明智的事。

我的重點是，如果患者在發病時想要做一點「離經叛道」的事，就讓他們去做；不論是在浴室痛哭、躺在廚房地板，或者唱兒歌。然而，正如我所說的，這一點見仁見智，所以請見機行事。例如，我不會讓任何人在屋子裡尖叫著東奔西跑，因為這樣的行為古怪而且沒有幫助。然而，與其斷然阻止他們，或許可以提議跟他們一起出去散步，想辦法燃燒掉腎上腺素。對於飽受心理疾病折磨的人來說，慰藉彌足珍貴；友善的面孔和撫慰的話語能發揮奇效。

## 慈善團體和其他有益的組織

最後，我建議你上幾個主要的心理健康網站看看，因為它們為照顧者提供了許多一般性的建議和訣竅。

- **英國焦慮症協會**（Anxiety UK）www.anxietyuk.org.uk：英國焦慮症協會是一個登記在冊的全國性慈善組織，成立於一九七〇年，是由一位廣場恐懼症患者為了所有受焦慮、緊張及焦慮性憂鬱症所苦的人而創立的。你可以透過他們的網站取得《焦慮症照顧者指南》（*The Caregiver's Guide to Anxiety*）。
- **心理基金會**（Mind）www.mind.org.uk：心理基金會是個心理健康慈善組織，為許多出現心理問題的人提供建議與支持，並鼓吹提升醫療服務、普及心理疾病相關知識。該網站可下載《照顧者的應對之道》（*How to cope as a carer*）。
- **美國焦慮症與憂鬱症協會**（Anxiety and Depression Association of America）簡稱ADAA，這是國際化的非營利組織，致力於透過教育、練習與研究，防範並治療焦慮症、憂鬱症、強迫症以及創傷後壓力症候群。
- **加拿大焦慮症協會**（Anxiety Disorders Association of Canada，簡稱

ADAC），這是註冊的加拿大非營利組織，旨在提倡焦慮症的預防、治療與管理，改善焦慮症患者的生活。

- **Beyond Blue**（www.beyondblue.org.au）：提供資訊與支援，協助不分年齡與地域的澳洲民眾達到最佳心理健康狀況。
- **紐西蘭心理健康基金會**（Mental Health Foundation of New Zealand）：這個慈善組織致力於打造人人都能擁有健康心靈的無歧視社會。透過網站可取得《操心》（*Worried about someone*）手冊。

**台灣現有**關於社交焦慮症的網路醫療資源仍有限，大致可分幾個面向[6]：

◎**書籍：**

- 《宅男宅女症候群：與社交焦慮症共處》，林朝誠著，心靈工坊，二〇一四年（本書獲二〇一四年衛福部優良健康讀物「推介獎」）

**◎影音相關：**

- 台灣精神醫學會線上課程——針對專業人員介紹社交焦慮症

http://www.sop.org.tw/video/info.asp?/46.html

- 介紹社交焦慮症動畫影片

https://www.youtube.com/watch?v=lvXIQvecTxo

**◎網路文章**

- 昱捷診所心靈園地——為數不少的社交焦慮症文章及針對網友的Q&A

https://yujieclinic.blogspot.com/search?q=社交焦慮

- 台大醫院精神醫學部——社交焦慮症相關文章

https://www.ntuh.gov.tw/PSY/Download.action

---

❻ 編注：以下資料由台灣長年關注研究「社交焦慮障礙」的精神科醫師林朝誠醫師提供，以期有相關醫療需求的中文讀者也能透過線上資源，對社恐症有一定的理解，並獲得支持與幫助。

- 黃偉俐診所——社交焦慮症文章
http://wellyclinic.tw/h/Service?key=3501106059&catId=276

◎**線上諮詢：**

- 台灣e院提供各科的線上諮詢
https://sp1.hso.mohw.gov.tw/doctor/，選擇「網站導覽」≫各科常見問題≫精神科≫社交焦慮症，即可看到過往有留言的問與答。也可主動線上諮詢，將有專業醫師提供建議。

# 第八章 採取行動！

但願看到這裡，你對社交恐懼症已經有了更深的認識，並在書中找到對你有益的資訊。所以下一步是什麼？欸，你現在需要制定一套復原計畫！有一大半的人做事情總是喜歡拖拖拉拉，好比說，「聽起來是個好主意！我明天會開始詳細研究。」過了四個星期，他們依然什麼事情都沒做。我的建議是，明天早上，在你做任何事情、大腦塞滿其他東西之前，首先來制定你的復原計畫。

## 制定方案

在心理健康的領域上，沒有什麼「一體適用」的方案。這方面的所有情況都可以、也應該照個人需要量身訂做。制定計畫是個好主意，因為它可以幫助你維持正軌、持續進步。研究顯示，有策略的人比較容易達成目標。我建議專門騰出至少一個鐘頭的時間來草擬方案、進行細部規劃、訂定日期。切勿設定不切實際的時間表。

### 看醫生

- ✘ 在你退縮之前，**現在**就去掛號。如果你覺得自己可能會緊張、情緒化或需要更長的看診時間，不妨連續掛兩個號。
- ✘ 列出你的生理與情緒症狀，這可以幫助你扼要的陳述病情。
- ✘ 跟醫生討論不同的用藥方案。

### 服藥計畫

- ✘ 從週末開始服藥（如果你選擇藥物治療這個方案）。不一定會出現副作用，但不妨先做好心理準備。

✗ 如果你打算蟄居幾天，事先告訴你的家人或朋友，讓他們做好準備。

✗ 囤積各種好貨幫助你度過週末。把它想成一件好事。人生能有幾次機會能夠如此理直氣壯地無所事事？

### 心理治療

✗ 想想哪種治療方法最吸引你，然後上網研究。如果想聽聽專家的意見，可以跟心理健康機構的熱線人員聊一聊。

✗ 在我看來，在你心情舒坦的時候，不妨試試暴露治療的某些元素，因為這種方法對社交恐懼症非常有效，也能幫助你建立自信。

### 運動

✗ 逐步在每週的作息中納入某種運動，我相信你一定能挪出每天三十分鐘的時間運動，每星期至少兩次。

✗ 在行事曆上標出運動時間，就像真正的約會那樣，不能取消或視若無睹。

✗ 建立一份音樂清單，讓你在運動時充滿動力。

## 停機時間

✗ 同理，每週至少安排兩小時的停機時間。我通常在星期二晚上和星期六下午各停機一小時。

✗ 預先通知朋友不要打擾你。關掉你的手機。

✗ 你可以任意運用停機時間做你開心的事，包括閱讀、看電視或泡澡。重點是給自己一點時間重新充電。

## 飲食

✗ 慢慢戒掉咖啡因和酒精。在我看來，突然戒斷的作法太極端了，不是個好主意。相反的，最好一天天降低你的攝取量。

✗ 開始在飲食中納入鮭魚和波菜。

＊＊＊

一開始，你也許會被壓得有點喘不過氣，不過久而久之就會習慣成自然。你不需要一舉脫胎換骨！指定某一個月的期限，作為把一切拉回正軌的截止日期。想想你每天花多少時間看電視或在網路上閒逛？我相信你一定能找到時間幫助自己恢復健康。

## 舊病復發

我不喜歡用「復發」這個詞，因為它隱含了「上癮」的意思。不過，人們確實可能故態復萌，就連我這樣經驗老道的人也會偶爾破戒，忘記好好照顧自己；但是那沒有關係。不要假設一旦克服了焦慮，你就從此跟它老死不相往來；這種想法不切實際。再次用生理疾病來打比方：如果你這一生不只感冒一次，你會震驚得不知所措嗎？當然不會——感冒在所難免，總是會慢慢痊癒。心理疾病也是如此。同樣的技巧能夠再度發揮作用，而且第二次操作起來可能比第一次更得心應手。舊病復發不代表你失敗了，那只是生活的一部分，不必感到羞愧。

這種狀況下，我在第二章提到的急救箱可以派上用場。當你需要多一點點幫助，它就是你的後盾。允許自己低落幾天，等你準備好了，請回歸上一次幫助你恢復健康的生活規律。你可以辦到的，要相信內心的力量。一個好朋友曾經告訴我，「生命中不會有太多人隨時在你身旁為你加油打氣，所以你最好他媽的學會靠自己。」

# 第九章　最後的最後……

下筆的此刻，我再過兩星期就要結婚了。沒錯，雖然我仍然不覺得自己足夠成熟成為別人的太太，並且斷然拒絕長大，但在這本書出版之際，我將成為一名已婚婦人！呃，三年前的那段恐怖時光，如今回想起來感覺很怪異，那個確信人生已經無望、自己即將失去一切的女孩，彷彿如同陌生人一般面貌模糊。時間和適量的自我接納，幫助她重拾了對自己和這個世界的信心。

我並沒有設法改頭換面，或者為了「尋找自己」而花上一年的時間浪跡天涯。我努力解決我的心理健康問題，而且對自己的成就深感自豪。我要對所有受社交恐懼症和恐慌症所苦的人致上我的愛與支持。不要放棄。一次跨出一小步，艱難的時期終究會過去……因為它們總是如此。

## 資源

這是一些隨機的資訊庫，你或許可以在其中發現有用的東西。

### • 書籍


- Barrett, Grace, Devon, Natasha and Mendoza, Nadia (2015) *The Self-Esteem Team's Guide to Sex, Drugs and WTFs?!!* London: John Blake Publishing.
- 蘇珊・坎恩《安靜，就是力量》（*Quiet: The Power of Introverts in a World That Can't Stop Talking*）遠流出版，二〇一九年。
- Carbonell, David (2004) *Panic Attacks Workbook.* Berkeley, CA: Ulysses Press.
- 麥特・海格《活著的理由》（*easons to Stay Alive*），天下雜誌出版，二〇一九年。

- Hughes, Neil (2015) *Walking on Custard & the Meaning of Life: A Guide for Anxious Humans*. UK: Enthusiastic Whim.
- Powell, Trevor (2009) *The Mental Health Handbook: A Cognitive Behavioural Approach* (3rd edition). London: Speechmark Publishing.
- 《宅男宅女症候群：與社交焦慮症共處》，林朝誠著，心靈工坊，二〇一四年出版

- **應用程式APP**
  - Headspace
  - Mindpilot

- **網站**
  - **Anxiety Slayer:** *www.anxietyslayer.com*

- **Childline:** *www.childline.org.uk*
- **HeadMeds:** *www.headmeds.org.uk*
- **Student Minds:** *www.studentminds.org.uk*
- **The Adrenal Fatigue Solution:** *https://adrenalfatiguesolution.com*
- **YoungMinds:** *www.youngminds.org.uk*
- **台灣精神醫學會線上課程：** http://www.sop.org.tw/video/info.asp?/46.html
- **社交焦慮症影片：** https://www.youtube.com/watch?v=lvXIQvecTxo
- **台灣 e 院各科線上諮詢：** https://sp1.hso.mohw.gov.tw/doctor/

## ・推特

- Matt Haig
- Natasha Devon
- @rachelgriffin22
- @asklikekristen

- @_SelfEsteemTeam
- @PookyH
- @bryony_gordon

- **網站文章資訊：**


- Adams, R. (2015, 14 May) 'Surge in young people seeking help for exam stress.' *The Guardian*. Available at www.theguardian.com/education/2015/may/14/calls-to-childline-over-exam-stress-break-records, accessed on 30 July 2016.
- Anxiety UK (2015) Available at https://www.anxietyuk.org.uk/about-us, accessed on 30 July 2016.
- Devon, N. (2015) Personal interview. Available at http://weallmadhere.com/2015/12/17/the-devon-effect, accessed on 30 July 2016.
- Hochman, D. (2014, 19 September) 'Amy Cuddy takes a stand.' *New York Times*. Available at www.nytimes.com/2014/09/21/fashion/amy-cuddy-takes-a-

stand-TED-talk.html?_r=2, accessed on 30 July 2016.

- MacLean, P. D. (1990) *The Triune Brain in Evolution: Role in Paleocerebral Functions*. New York, NY: Springer.
- Rohn, J. (2014, 18 September) Available at www.facebook.com/OfficialJimRohn/posts/10154545246315635,accessed on 30 July 2016.

- **網站文章資訊**

- **昱捷診所心靈園地：** https://yujieclinic.blogspot.com/search?q=社交焦慮
- **台大醫院精神醫學部：**（社交焦慮症相關文章）https://www.ntuh.gov.tw/PSY/Download.action
- **黃偉俐診所（社交焦慮症文章）：** http://wellyclinic.tw/h/Service?key=3501106059&catId=276

# 社交恐懼症不孤單生存指南
# WE'RE ALL MAD HERE: THE NO-NONSENSE GUIDE TO LIVING WITH SOCIAL ANXIETY

作　　者 克萊兒·伊斯特姆(CLAIRE EASTHAM)
翻　　譯 黃佳瑜
封面設計 BIANCO
內頁排版 高巧怡
行銷企劃 林瑀、陳慧敏
行銷統籌 駱漢琦
業務發行 邱紹溢
營運顧問 郭其彬
責任編輯 李嘉琪
總 編 輯 李亞南
出　　版 漫遊者文化事業股份有限公司
地　　址 台北市松山區復興北路331號4樓
電　　話 (02) 2715-2022
傳　　真 (02) 2715-2021
服務信箱 service@azothbooks.com
網路書店 www.azothbooks.com
臉　　書 www.facebook.com/azothbooks.read
營運統籌 大雁文化事業股份有限公司
地　　址 台北市松山區復興北路333號11樓之4
劃撥帳號 50022001
戶　　名 漫遊者文化事業股份有限公司
初版一刷 2021年6月
初版三刷(1) 2022年4月
定　　價 台幣300元

ISBN　978-986-489-476-5

國家圖書館出版品預行編目 (CIP) 資料

社交恐懼症不孤單生存指南 / 克萊兒. 伊斯特姆(Claire Eastham) 著 ; 黃佳瑜譯. -- 初版. -- 臺北市 : 漫遊者文化事業股份有限公司出版 : 大雁文化事業股份有限公司發行, 2021.06

面； 公分

譯自 : We' re all mad here : the no-nonsense guide to living with social anxiety.

ISBN 978-986-489-476-5( 平裝)

1. 社交 2. 人際關係 3. 焦慮

192.3 110007167